Bucătăria Leneșă

Delicii cu Timpul În Favorem de Tine

Adrian Gherman

Cuprins

Crisp cu mere, piersici și afine

Timp de preparare: 10 minute | Timp de gătire: 12 minute | Pentru 8 portii

1 măr decojit și tocat

2 piersici, curatate si tocate

⅓ cană de afine uscate

2 linguri de miere

⅓ cană de zahăr brun

¼ cană făină

½ cană de ovăz

3 linguri de unt moale

1. Setați temperatura cuptorului pentru friteuza cu aer la 370 °F (188 °C). Apăsați Start pentru a începe preîncălzirea.

2. Pe o foaie de copt, combinați mărul, piersicile, merisoarele și mierea și amestecați bine.

3. Într-un castron mediu, combinați zahărul brun, făina, ovăzul și untul și amestecați până se sfărâmiciază. Presărați acest amestec peste fructele din tigaie.

4. Coaceți timp de 10 până la 12 minute sau până când fructele sunt clocotite şi topping-ul este maro auriu. Se serveste fierbinte.

Sos de mere și brownies de ciocolată

Timp de preparare: 10 minute | Timp de gătire: 15 minute | Pentru 8 portii

¼ cană pudră de cacao neîndulcită

¼ cană făină universală

¼ linguriță sare kosher

½ linguriță de praf de copt

3 linguri de unt nesarat, topit

½ cană zahăr granulat

1 ou mare

3 linguri de sos de mere neindulcit

¼ cană chipsuri de ciocolată semidulce în miniatură

Sare de mare grunjoasă, după gust

1. Setați temperatura cuptorului pentru friteuza cu aer la 300 °F (149 °C). Apăsați Start pentru a începe preîncălzirea.

2. Într-un castron mare, amestecați praful de cacao, făina universală, sarea kosher și praful de copt.

3. Într-un castron mare separat, combinați untul, zahărul granulat, oul și sosul de mere, apoi folosiți o spatulă pentru a adăuga amestecul de pudră de cacao și chipsurile de ciocolată până se combină bine.

4. Pulverizați o tavă de copt cu spray de gătit antiaderent și apoi turnați amestecul în tavă. Puneți tava în cuptorul cu friteuză și coaceți timp de 15 minute sau până când o scobitoare iese curată când este introdusă în mijloc.

5. Scoateți brownies-urile din cuptorul cu friteuză, presărați deasupra puțină sare de mare grunjoasă și lăsați-le să se răcească în tavă pe un grătar timp de 20 de minute înainte de a feli și a servi.

Mere coapte

Timp de preparare: 5 minute | Timp de gătire: 10 minute | Pentru 4 persoane

4 mere mici, fără miez și tăiate în jumătate

2 linguri de unt sarat sau ulei de cocos, topit

2 linguri de zahar

1 lingurita de condiment pentru placinta cu mere

Inghetata, frisca grea sau frisca, de servit

1. Setați temperatura cuptorului pentru friteuza cu aer la 350 °F (177 °C). Apăsați Start pentru a începe preîncălzirea.

2. Pune merele într-un castron mare. Stropiți cu unt topit și stropiți cu zahăr și condimente pentru plăcintă cu mere. Folosiți-vă mâinile pentru a arunca, asigurându-vă că merele sunt acoperite uniform.

3. Pune merele în tava perforată a cuptorului pentru friteuză și coace 10 minute. Înțepați merele cu o furculiță pentru a vă asigura că sunt fragede.

4. Serviți cu înghețată sau deasupra cu un strop de smântână groasă sau o praf de frișcă.

Prajitura cu banane si nuci

Timp de preparare: 10 minute | Timp de gătire: 10 minute | Pentru 6

454 g de banane piure

8 uncii (227 g) făină

6 uncii (170 g) zahăr

99 g (3,5 uncii) nuci tocate

2,5 uncii (71 g) unt

2 oua

¼ lingurita de bicarbonat de sodiu

1. Ungeţi interiorul unui vas de copt cu puţin ulei.

2. Setaţi temperatura cuptorului pentru friteuza cu aer la 355 °F (179 °C). Apăsaţi Start pentru a începe preîncălzirea.

3. Într-un castron combina zahărul, untul, oul, făina şi sifonul cu un tel. Adăugaţi bananele şi nucile.

4. Transferaţi amestecul pe farfurie. Pune vasul în cuptorul cu aer friteu şi coace timp de 10 minute.

5. Reduceţi temperatura la 330ºF (166ºC) şi coaceţi încă 15 minute. Se serveste fierbinte.

Crumble de fructe de pădure

Timp de preparare: 10 minute | Timp de gătire: 15 minute | Pentru 4 persoane

Pentru umplere:

2 cani de fructe de padure amestecate

2 linguri de zahar

1 lingura amidon de porumb

1 lingura suc proaspat de lamaie

Pentru Toppin g:

¼ cană făină universală

¼ cană de ovăz

1 lingura de zahar

2 linguri de unt rece nesarat, taiat cubulete mici

Frisca sau inghetata (optional)

1. Setați temperatura cuptorului pentru friteuza cu aer la 400ºF (204ºC). Apăsați Start pentru a începe preîncălzirea.

2. Pentru umplutură: Pe o foaie rotundă de copt, amestecați ușor fructele de pădure, zahărul, amidonul de porumb și sucul de lămâie până se combină bine.

3. Pentru topping: Într-un castron mic, combinați făina, ovăzul și zahărul. Adăugați untul în amestecul de făină până când amestecul are consistența pesmetului.

4. Presărați topping peste fructe de pădure.

5. Puneți tigaia în cuptorul pentru friteuză și prăjiți cu aer timp de 15 minute. Lasam la racit 5 minute pe un gratar.

6. Se serveste deasupra cu frisca sau inghetata, daca se doreste.

Prăjituri Pădurea Neagră

Timp de preparare: 10 minute | Timp de gătire: 15 minute | Pentru 6

3 linguri lapte sau chipsuri de ciocolata neagra

2 linguri de sos gros de ciocolata fierbinte

2 linguri cirese uscate tocate

1 foaie de aluat foietaj (10 pe 15 inci), dezgheţat

1 albus bătut

2 linguri de zahar

½ lingurita de scortisoara

1. Setați temperatura cuptorului pentru friteuza cu aer la 350 °F (177 °C). Apăsați Start pentru a începe preîncălzirea.

2. Într-un castron mic, combinați chipsurile de ciocolată, sosul de fudge și cireșele uscate.

3. Întindeți aluatul foietaj pe o suprafață tapetă cu făină. Tăiați în 6 pătrate cu un cuțit ascuțit.

4. Împărțiți amestecul de ciocolată în centrul fiecărui pătrat de foietaj. Îndoiți pătratele în jumătate pentru a forma triunghiuri. Apăsați ferm marginile cu dinții unei furculițe pentru a sigila.

5. Ungeți triunghiurile pe toate părțile puțin cu albușul bătut spumă. Se presara blatul cu zahar si scortisoara.

6. Se pune in tigaia perforata la cuptor si se coace 15 minute sau pana cand triunghiurile devin maro auriu. Umplutura va fi fierbinte, așa că lăsați-o să se răcească cel puțin 20 de minute înainte de servire.

Budincă de pâine Bourbon

Timp de preparare: 10 minute | Timp de gătire: 20 minute | Pentru 4 persoane

3 felii de pâine integrală, tăiate cubulețe

1 ou mare

1 cană lapte integral

2 linguri de bourbon

½ linguriță extract de vanilie

¼ cană sirop de arțar, împărțit

½ lingurita de scortisoara macinata

2 lingurite de zahar spumant

1. Setați temperatura cuptorului pentru friteuza cu aer la 270 °F (132 °C). Apăsați Start pentru a începe preîncălzirea.

2. Pulverizați o tavă de copt cu spray de gătit antiaderent și apoi puneți cuburile de pâine în tavă.

3. Într-un castron mediu, amestecați oul, laptele, bourbonul, extractul de vanilie, 3 linguri de sirop de arțar și scorțișoara. Se toarnă amestecul de ouă peste pâine și se presează cu o spatulă pentru a acoperi toată pâinea, apoi se presară zahăr de copt deasupra și se coace 20 de minute.

4. Scoateți budinca din cuptorul pentru friteuză și lăsați-o să se răcească în tava pe un grătar timp de 10 minute. Stropiți deasupra restul de 1 lingură de sirop de arțar. Tăiați și serviți cald.

Coace braziliană cu ananas

Timp de preparare: 5 minute | Timp de gătire: 16 minute | Pentru 4 persoane

½ cană zahăr brun

2 lingurite de scortisoara macinata

1 ananas mic, decojit, dezlipit si taiat fasii

3 linguri de unt nesarat, topit

1. Setați temperatura cuptorului pentru friteuza cu aer la 400ºF (204ºC). Apăsați Start pentru a începe preîncălzirea.

2. Într-un castron mic, amestecați zahărul brun și scorțișoara până se combină bine.

3. Ungeți tulpinile de ananas cu untul topit. Presărați zahăr și scorțișoară peste tulpini, apăsând ușor pentru a vă asigura că aderă bine.

4. Puneți sulițele într-un singur strat în tava perforată pentru friteuză. (În funcție de dimensiunea cuptorului dvs. de friteuză cu aer, poate fi necesar să faceți acest lucru în loturi.) Coaceți timp de 10 minute pentru primul lot (6 până la 8 minute pentru următorul lot, deoarece cuptorul pentru friteuza cu aer se va preîncălzi). La jumătatea timpului de gătire, ungeți tulpinile cu unt.

5. Tulpinile de ananas sunt gata când sunt încălzite şi
    zaharul clocoteşte. Se serveste fierbinte.

Crema cu cardamom și vanilie

Timp de preparare: 5 minute | Timp de gătire: 25 minute | 2 portii

1 cană lapte integral

1 ou mare

2 linguri plus 1 lingurita zahar

¼ de linguriță pastă de boabe de vanilie sau extract pur de vanilie

¼ de linguriță de cardamom măcinat, plus mai mult pentru stropire

1. Setați temperatura cuptorului pentru friteuza cu aer la 350 °F (177 °C). Apăsați Start pentru a începe preîncălzirea.

2. Într-un castron mediu, bate laptele, oul, zahărul, vanilia și cardamomul.

3. Puneți două rame în tava perforată a cuptorului pentru friteuza cu aer. Împărțiți amestecul între forme. Se presara usor cu cardamom. Acoperiți strâns fiecare tavă cu folie de aluminiu. Coaceți 25 de minute, sau până când o scobitoare introdusă în centru iese curată.

4. Lasă crema să se răcească pe un grătar timp de 5 până la 10 minute.

5. Se servește fierbinte sau se da la rece până se răcește și se servește rece.

Brownies cu naut

Timp de preparare: 10 minute | Timp de gătire: 20 minute | Pentru 6

Ulei vegetal

1 conserve (15 uncii/425 g) năut, scurs și clătit

4 ouă mari

⅓ cană ulei de cocos topit

⅓ cană miere

3 linguri pudra de cacao neindulcita

1 lingură pudră espresso (opțional)

1 lingurita praf de copt

1 lingurita de bicarbonat de sodiu

½ cană chipsuri de ciocolată

1. Setați temperatura cuptorului pentru friteuza cu aer la 325 °F (163 °C). Apăsați Start pentru a începe preîncălzirea.

2. Ungeți generos o tavă de copt cu ulei vegetal.

3. Într-un blender sau robot de bucătărie, combinați năutul, ouăle, uleiul de cocos, mierea, pudra de cacao, pudra espresso (dacă este folosit), praful de copt și bicarbonatul de sodiu. Amestecați sau procesați până la omogenizare. Transferați în tava pregătită și adăugați fulgii de ciocolată cu mâna.

4. Pune tava în cuptorul cu aer friteu și coace timp de 20 de minute, sau până când o scobitoare introdusă în centru iese curată.

5. Lasam sa se raceasca in tava pe un gratar timp de 30 de minute inainte de a taia in patrate.

6. Serviți imediat.

Brioșe cu lavă și ciocolată cu unt de arahide

Timp de preparare: 10 minute | Timp de gătire: 10 până la 13 minute | Pentru 8 portii

Spray de copt antiaderent cu făină

$1^1/_3$ cani de amestec de tort cu ciocolata

1 ou

1 galbenus de ou

¼ cană ulei de șofrănel

¼ cană apă fierbinte

$^1/_3$ cană smântână

3 linguri de unt de arahide

1 lingura zahar pudra

1. Setați temperatura cuptorului pentru friteuza cu aer la 350 °F (177 °C). Apăsați Start pentru a începe preîncălzirea.

2. Dublați 16 căni de brioșe din folie de aluminiu pentru a face 8 căni. Pulverizați ușor fiecare cu spray antiaderent; pus deoparte.

3. Într-un castron mediu, combinați amestecul de prăjitură, oul, gălbenușul de ou, uleiul de șofran, apa și smântâna și bateți până se combină.

4. Într-un castron mic, combinați untul de arahide și zahărul pudră și amestecați bine. Formați 8 bile cu acest amestec.

5. Turnați aproximativ ¼ de cană de aluat de ciocolată în fiecare ceașcă de brioșe și acoperiți cu o lingură de unt de arahide. Puneți aluatul rămas peste bile de unt de arahide pentru a le acoperi.

6. Așezați ceștile în tava perforată a cuptorului pentru friteuză cu aer, lăsând puțin spațiu între fiecare. Coaceți timp de 10 până la 13 minute sau până când partea de sus pare uscată și fermă.

7. Lăsați cupcakes-urile să se răcească aproximativ 10 minute și apoi serviți calde.

Tort de ciocolata

Timp de preparare: 10 minute | Timp de gătire: 55 minute | Pentru 4 persoane

Unt nesarat, la temperatura camerei

3 ouă mari

1 cană făină de migdale

²/₃ cană zahăr

¹/₃ cană smântână groasă

¼ cană ulei de cocos topit

¼ cană pudră de cacao neîndulcită

1 lingurita praf de copt

¼ cana nuci tocate

1. Setați temperatura cuptorului pentru friteuza cu aer la 400ºF (204ºC). Apăsați Start pentru a începe preîncălzirea.

2. Ungeți generos o tavă rotundă de copt. Tapetați fundul tavii cu hârtie de copt tăiată la dimensiune.

3. Într-un castron mare, combinați ouăle, făina de migdale, zahărul, smântâna, uleiul de cocos, pudra de cacao și praful de copt. Bateți cu un mixer manual la viteză medie până se omogenizează bine și devine pufos. (Acest lucru va împiedica tortul să fie prea dens, așa cum pot fi uneori prăjiturile cu făină de migdale.) Îndoiți nucile.

4. Se toarnă aluatul în tava pregătită. Acoperiți bine tava cu folie de aluminiu. Puneți tigaia în cuptorul cu aer friteu și coaceți timp de 45 de minute. Scoateți folia și coaceți încă 10 până la 15 minute până când un cuțit (nu folosiți o scobitoare) introdus în centrul prăjiturii iese curat.

5. Lasam prajitura sa se raceasca in tava pe un gratar timp de 10 minute. Scoateți tortul din tavă și lăsați-l să se răcească pe grătar timp de 20 de minute înainte de a-l tăia și de a servi.

Brownies de ciocolată și nucă de cocos

Timp de preparare: 15 minute | Timp de gătire: 15 minute | Pentru 8 portii

½ cană ulei de cocos

2 uncii (57 g) ciocolată neagră

1 cană de zahăr

2½ linguri de apă

4 oua batute

¼ lingurita de scortisoara macinata

½ linguriță de anason stelat măcinat

¼ linguriță extract de nucă de cocos

½ linguriță extract de vanilie

1 lingura miere

½ cană de făină

½ cană nucă de cocos deshidratată

Zahar de presarat

1. Setați temperatura cuptorului pentru friteuza cu aer la 355 °F (179 °C). Apăsați Start pentru a începe preîncălzirea.

2. Topiți uleiul de cocos și ciocolata neagră în cuptorul cu microunde.

3. Se amestecă cu zahăr, apă, ouă, scorțișoară, anason, extract de nucă de cocos, vanilie și miere într-un castron mare.

4. Adăugați făina și nuca de cocos deshidratată. Încorporează totul bine.

5. Unge ușor o tavă de copt cu unt. Transferați amestecul pe farfurie.

6. Pune vasul în cuptorul cu aer friteu și coace timp de 15 minute.

7. Scoateți din cuptorul friteuzei și lăsați să se răcească puțin.

8. Aveți grijă când îl scoateți din vasul de copt. Tăiați-o în pătrate.

9. Se presară cu zahăr înainte de servire.

Croasante de ciocolata

Timp de preparare: 5 minute | Timp de gătire: 24 minute | Pentru 8 portii

1 foaie de foietaj congelat, decongelat

⅓ cană tartinată de ciocolată și alune

1 ou mare, bătut

1. Pe o suprafață ușor înfăinată, rulați aluatul foietaj într-un pătrat de 14 inci. Tăiați aluatul în sferturi pentru a forma 4 pătrate. Tăiați fiecare pătrat în diagonală pentru a face 8 triunghiuri.

2. Intindeti 2 lingurite ciocolata-alune tartinate pe fiecare triunghi; De la capătul cel mai lat, rulați aluatul. Răspândiți ou peste fiecare rulou.

3. Setați temperatura cuptorului pentru friteuza cu aer la 375 °F (191 °C). Apăsați Start pentru a începe preîncălzirea. Prăjiți rulourile în loturi, câte 3 sau 4, câte 8 minute pe lot, sau până când aluatul devine maro auriu.

4. Se lasa sa se raceasca pe un gratar; se serveste cald sau la temperatura camerei.

tort de ciocolata topita

Timp de preparare: 5 minute | Timp de gătire: 10 minute | Pentru 4 persoane

99 g (3,5 uncii) unt, topit

3½ linguri de zahăr

99 g (3,5 uncii) ciocolată topită

1½ linguri de faina

2 oua

1. Setați temperatura cuptorului pentru friteuza cu aer la 375 °F (191 °C). Apăsați Start pentru a începe preîncălzirea.

2. Ungeți patru forme cu puțin unt.

3. Combinați bine ouăle, untul și zahărul înainte de a adăuga ciocolata topită.

4. Încorporați încet făina.

5. Turnați o cantitate egală din amestec în fiecare formă.

6. Puneți-le în cuptorul cu aer friteu și coaceți timp de 10 minute.

7. Asezam formele cu capul in jos pe farfurii si lasam prajiturile sa cada. Se serveste fierbinte.

S'mores de ciocolată

Timp de preparare: 5 minute | Timp de gătire: 3 minute | Pentru 12 persoane

12 biscuiți graham cu scorțişoară din cereale integrale

2 batoane de ciocolată (1,55 uncii/44 g), rupte în 12 bucăți

12 bezele

1. Setați temperatura cuptorului pentru friteuza cu aer la 350 °F (177 °C). Apăsați Start pentru a începe preîncălzirea.

2. Înjumătățiți fiecare biscuit Graham în 2 pătrate.

3. Puneți 6 pătrate de biscuit Graham în cuptorul pentru friteuză. Nu stivuiți. Pune cate o bucata de ciocolata in fiecare. Coaceți timp de 2 minute.

4. Deschideți cuptorul pentru friteuză și adăugați câte un marshmallow la fiecare bucată de ciocolată topită. Coaceți încă 1 minut.

5. Scoateți s'more-urile gătite din cuptorul pentru friteuză, apoi repetați pașii 2 și 3 pentru restul de 6 s'mores.

6. Acoperiți cu pătratele de biscuit Graham rămase și serviți.

scorțișoară migdale

Timp de preparare: 5 minute | Timp de gătire: 8 minute | Pentru 4 persoane

1 cană migdale întregi

2 linguri de unt sarat, topit

1 lingura de zahar

½ lingurita de scortisoara macinata

1. Setați temperatura cuptorului pentru friteuza cu aer la 300 °F (149 °C). Apăsați Start pentru a începe preîncălzirea.

2. Într-un castron mediu, combinați migdalele, untul, zahărul și scorțișoara. Amestecați bine pentru a vă asigura că toate migdalele sunt acoperite cu untul condimentat.

3. Transferați migdalele în tava perforată a cuptorului pentru friteuză și agitați astfel încât să fie într-un singur strat. Coaceți timp de 8 minute, amestecând migdalele la jumătatea timpului de gătire.

4. Lasati sa se raceasca complet inainte de servire.

Prajitura cu scortisoara si nuca

Timp de preparare: 10 minute | Timp de gătire: 25 minute | Pentru 4 persoane

1 aluat de tort

½ lingurita de scortisoara

¾ lingurita extract de vanilie

2 oua

¾ cană sirop de arțar

⅛ linguriță de nucșoară

3 linguri de unt topit, împărțit

2 linguri de zahar

½ ceasca de nuci tocate

1. Setați temperatura cuptorului pentru friteuza cu aer la 370 °F (188 °C). Apăsați Start pentru a începe preîncălzirea.

2. Într-un castron mic, acoperiți nucile cu 1 lingură de unt topit.

3. Transferați nucile în cuptorul pentru friteuză și lăsați-le să se prăjească aproximativ 10 minute.

4. Pune aluatul de tort intr-o tava unsa cu unt si adauga deasupra nucile pecan.

5. Într-un bol, amestecați restul ingredientelor. Turnați asta peste nuci.

6. Puneți tava în cuptorul cu aer friteu și coaceți timp de 25 de minute.

7. Serviți imediat.

Piersici curry, pere și prune

Timp de preparare: 5 minute | Timp de gătire: 5 minute | Serve de la 6 la 8

2 piersici

2 pere tari

2 prune

2 linguri de unt topit

1 lingura miere

2 până la 3 lingurițe de pudră de curry

1. Setați temperatura cuptorului pentru friteuza cu aer la 325 °F (163 °C). Apăsați Start pentru a începe preîncălzirea.

2. Tăiați piersicile în jumătate, îndepărtați sâmburele și tăiați din nou fiecare jumătate în jumătate. Tăiați perele în jumătate, decupați-le de miez și îndepărtați tulpina. Tăiați din nou fiecare jumătate în jumătate. Faceți același lucru cu prunele.

3. Întindeți o foaie mare de folie de aluminiu rezistentă pe suprafața de lucru. Puneți fructele pe folie și stropiți cu unt și miere. Se presară cu pudră de curry.

4. Înfășurați fructele în folie, asigurându-vă că lăsați puțin loc în pachet.

5. Puneți pachetul de folie în tava perforată și coaceți timp de 5 până la 8 minute, scuturând tava perforată o dată în timpul fierberii, până când fructele sunt moi.

1. Serviți imediat.

Tort usor de migdale

Timp de preparare: 5 minute | Timp de gătire: 12 minute | Pentru 8 portii

½ cană (1 baton) unt nesărat

½ cană de zahăr

1 lingurita extract pur de migdale

1 cană făină universală

1. Setați temperatura cuptorului pentru friteuza cu aer la 375 °F (191 °C). Apăsați Start pentru a începe preîncălzirea.

2. În bolul unui mixer cu suport prevăzut cu accesoriul cu paletă, bateți untul și zahărul la viteză medie până devin pufoase, timp de 3 până la 4 minute. Adăugați extract de migdale și bateți până se combină, aproximativ 30 de secunde. Pune mixerul la foc mic. Adaugam faina putin cate putin si batem inca 2 minute pana se incorporeaza bine.

3. Puneți aluatul într-un strat uniform pe o tavă rotundă de copt. Puneți tava în cuptorul cu aer friteu și coaceți timp de 12 minute.

4. Scoateți cu grijă tigaia din cuptor. Cât timp prăjitura este încă caldă și moale, tăiați-o în 8 felii.

5. Se răceşte în tigaie pe un grătar timp de 5 minute. Scoateţi feliile din tavă şi lăsaţi-le să se răcească pe grătar înainte de servire.

Gogoși ușor de ciocolată

Timp de preparare: 5 minute | Timp de gătire: 8 minute | Pentru 8 portii

1 cutie (8 uncii/227 g) biscuiți jumbo

Ulei de gatit

Sos de ciocolata, pentru stropire

1. Setați temperatura cuptorului pentru friteuza cu aer la 375 °F (191 °C)

2. Separați aluatul de fursecuri în 8 prăjituri și puneți-le pe o suprafață de lucru plană. Folosește o tăietură pentru biscuiți sau o tăietură pentru biscuiți pentru a face o gaură în centrul fiecărui prăjitură. De asemenea, puteți tăia găurile cu un cuțit.

3. Pulverizați tava perforată a cuptorului pentru friteuză cu ulei de gătit.

4. Pune 4 gogoși în cuptorul pentru friteuză. Nu stivuiți. Stropiți cu ulei de gătit. Se prăjește la aer timp de 4 minute.

5. Deschideți cuptorul pentru friteuța cu aer și întoarceți gogoșile. Se prăjește la aer încă 4 minute.

6. Scoateți gogoșile fierte din cuptorul cu friteuză, apoi repetați pașii 3 și 4 pentru restul de 4 gogoși.

7. Stropiți cu sos de ciocolată peste gogoși și savurați cât sunt calde.

Unt de mere cu lamaie

Timp de preparare: 10 minute | Timp de gătire: 1 oră | Face 1¼ cani

spray de gatit

2 cani de sos de mere neindulcit

⅔ cană de zahăr brun deschis la pachet

3 linguri suc proaspăt de lămâie

½ lingurita sare kosher

¼ lingurita de scortisoara macinata

⅛ linguriță de ienibahar măcinat

1. Setați temperatura cuptorului pentru friteuza cu aer la 340 °F (171 °C). Apăsați Start pentru a începe preîncălzirea.

2. Pulverizați o tavă metalică pentru tort cu spray de gătit. Bateți toate ingredientele într-un bol până se omogenizează, apoi turnați în tava unsă cu unsoare. Puneți tigaia în cuptorul cu friteuză și coaceți până când amestecul de mere este caramelizat, redus la un piure gros, parfumat, aproximativ 1 oră.

3. Scoateți tava din cuptorul friteuzei cu aer, amestecați pentru a combina bucățile caramelizate de pe margine cu restul, apoi lăsați să se răcească complet pentru a se îngroșa.

4. Serviți imediat.

Patlagini aurii prajite

Timp de preparare: 5 minute | Timp de gătire: 7 minute | Pentru 6

1 ou mare

¼ cană amidon de porumb

¼ cană pesmet

3 banane, tăiate în jumătate în cruce

Ulei de gatit

Sos de ciocolata, pentru stropire

1. Setați temperatura cuptorului pentru friteuza cu aer la 350 °F (177 °C). Apăsați Start pentru a începe preîncălzirea.

2. Într-un castron mic, bate oul. Într-un alt bol, pune amidonul de porumb. Pune pesmetul într-un al treilea castron.

3. Înmuiați bananele în amidon de porumb, apoi în ou, apoi în pesmet.

4. Pulverizați tava perforată a cuptorului pentru friteuză cu ulei de gătit.

5. Pune bananele în tigaia perforată și stropește-le cu ulei de gătit. Se prăjește la aer timp de 5 minute.

6. Deschideți cuptorul friteuzei cu aer și întoarceți bananele. Se prăjește la aer încă 2 minute.

7. Transferați bananele pe farfurii. Stropiți sosul de ciocolată peste banane și serviți.

Graham Cracker Cheesecake

Timp de preparare: 10 minute | Timp de gătire: 20 minute | Pentru 8 portii

1 cană firimituri de biscuiți Graham

3 linguri de unt moale

1 ½ (8 uncii/227 g) pachet de brânză cremă, înmuiată

$^1/_3$ cană zahăr

2 oua batute

1 lingura de faina

1 lingurita de vanilie

¼ cană sirop de ciocolată

1. Setați temperatura cuptorului pentru friteuza cu aer la 450ºF (232ºC). Apăsați Start pentru a începe preîncălzirea.

2. Pentru crustă, combinați firimiturile de biscuiți Graham și untul într-un castron mic și amestecați bine. Apăsați în partea de jos a unei foi de copt și puneți la congelator pentru a se întări.

3. Pentru umplutură, combinați crema de brânză și zahărul într-un bol mediu și amestecați bine. Loviți ouăle pe rând. Adăugați făina și vanilia.

4. Scoateți $^2/_3$ cană de umplutură într-un castron mic și amestecați siropul de ciocolată până se combină.

5. Turnați umplutura de vanilie în tava cu crustă. Puneți umplutura de ciocolată pe umplutura de vanilie cu lingurițe. Folosind un cuțit de unt curat, amestecați umpluturile în zig-zag pentru a le marmora.

6. Coaceți timp de 20 de minute sau până când cheesecake-ul se întărește.

7. Se răcește pe un grătar timp de 1 oră, apoi se dă la frigider până când cheesecake-ul devine ferm.

8. Serviți imediat.

Pere prăjite cu miere

Timp de preparare: 5 minute | Timp de gătire: 20 minute | Pentru 4 persoane

2 pere Bosc mari, taiate in jumatate si fara samburi

3 linguri de miere

1 lingura unt nesarat

½ lingurita de scortisoara macinata

¼ cana nuci tocate

¼ cană de brânză ricotta fără grăsimi, fără grăsimi, împărțită

1. Setați temperatura cuptorului pentru friteuza cu aer la 350 °F (180 °C). Apăsați Start pentru a începe preîncălzirea.

2. Într-o tavă de copt, puneți perele tăiate în sus.

3. Într-un castron mic, potrivit pentru cuptorul cu microunde, topește mierea, untul și scorțișoara. Ungeți acest amestec peste părțile tăiate ale perelor.

4. Turnați 3 linguri de apă în jurul perelor din tigaie. Prăjiți perele în cuptorul preîncălzit pentru friteuza timp de 20 de minute sau până când furculița devin fragede și ușor crocante pe margini, ungând o dată cu lichid de tigaie.

5. Scoateți cu grijă perele din tigaie și puneți-le pe o farfurie de servire. Stropiți fiecare cu puțin lichid din tigaie, presărați nucile deasupra și serviți cu o praf de brânză ricotta.

6. Serviți imediat.

gogoși jeleu

Timp de preparare: 5 minute | Timp de gătire: 5 minute | Pentru 8 portii

1 pachet (16,3 uncii/462 g) fursecuri mari pentru frigider

spray de gatit

1¼ cani gem de zmeura de buna calitate

Zahăr cofetar, pentru stropire

1. Setați temperatura cuptorului pentru friteuza cu aer la 350 °F (177 °C). Apăsați Start pentru a începe preîncălzirea.

2. Separați fursecurile în 8 runde. Pulverizați ușor ambele părți ale rondelelor cu ulei.

3. Pulverizați tava perforată cu ulei și puneți 3 până la 4 rondele în tigaia perforată. Se prăjește la aer timp de 5 minute sau până când se rumenesc. Transferați pe un suport de sârmă; lasa sa se raceasca. Repetați cu rundele rămase.

4. Umpleți o pungă de patiserie, prevăzută cu un vârf mic neted, cu dulceață de zmeură; folosește vârful pentru a face o mică gaură în lateralul fiecărei gogoși, apoi umple centrele cu gem. Se presară gogoșile cu zahăr pudră.

5. Serviți imediat.

Lemony Blackberry Crisp

Timp de preparare: 5 minute | Timp de gătire: 20 minute | Portie 1

2 linguri suc de lamaie

$^1/_3$ cană eritritol pudră

¼ linguriță gumă xantan

2 căni de mure

1 cană granola crocantă

1. Setați temperatura cuptorului pentru friteuza cu aer la 350 °F (177 °C). Apăsați Start pentru a începe preîncălzirea.

2. Într-un castron, combinați sucul de lămâie, eritritol, guma xantan și murele. Transferați într-o tavă rotundă de copt și acoperiți cu folie de aluminiu.

3. Pune vasul în cuptorul cu aer friteu și coace timp de 12 minute.

4. Aveți grijă când scoateți vasul din cuptorul pentru friteuză. Se amestecă fructele de pădure și se adaugă granola.

5. Întoarceți vasul în cuptorul pentru friteuză și coaceți încă 3 minute, de data aceasta la 320ºF (160ºC). Serviți după ce granola a devenit maro și savurați.

Cupe pentru prăjituri cu fulgi de ovăz și morcovi

Timp de preparare: 10 minute | Timp de gătire: 8 minute | Face 16 cești

3 linguri de unt nesarat, la temperatura camerei

¼ cană zahăr brun compact

1 lingura miere

1 albus de ou

½ linguriță extract de vanilie

$\frac{1}{3}$ cană morcov ras fin

½ cană de ovăz pentru gătit rapid

$\frac{1}{3}$ cană făină integrală de patiserie

½ lingurita de bicarbonat de sodiu

¼ cană cireșe uscate

1. Setați temperatura cuptorului pentru friteuza cu aer la 350°F (177°C)

2. Într-un castron mediu, bate untul, zahărul brun și mierea până se combină bine.

3. Se adauga albusul, vanilia si morcovul. Bateți pentru a combina.

4. Adăugați ovăzul, făina de copt și bicarbonatul de sodiu.

5. Adăugați cireșele uscate.

6. Dublați 32 de căni de mini brioșe din folie de aluminiu pentru a face 16 căni. Umpleți fiecare cu aproximativ 4 lingurițe de aluat. Coaceți cupe de prăjituri, câte 8, timp de 8 minute, sau până când se rumenesc ușor și se întăresc. Se serveste fierbinte.

Batoane cu fulgi de ovaz si stafide

Timp de preparare: 15 minute | Timp de gătire: 15 minute | Pentru 8 portii

$^1/_3$ cană făină universală

¼ linguriță sare kosher

¼ linguriță de praf de copt

¼ lingurita de scortisoara macinata

¼ cană zahăr brun deschis, ușor ambalat

¼ cană zahăr granulat

½ cană ulei de canola

1 ou mare

1 lingurita extract de vanilie

1$^1/_3$ cani de ovaz de gatit rapid

$^1/_3$ cană stafide

1. Setaţi temperatura cuptorului pentru friteuza cu aer la 360 °F (182 °C). Apăsaţi Start pentru a începe preîncălzirea.

2. Într-un castron mare, combinaţi făina universală, sarea cuşer, praful de copt, scorţişoara măcinată, zahărul brun deschis, zahărul granulat, uleiul de canola, ou, extractul de vanilie, ovăzul, gătirea rapidă şi stafide.

3. Pulverizaţi o foaie de copt cu spray de gătit antiaderent, apoi turnaţi amestecul de ovăz în tavă şi apăsaţi în jos pentru a se distribui uniform. Puneţi tigaia în cuptorul pentru friteuză şi coaceţi timp de 15 minute sau până când devine auriu.

4. Scoateţi din cuptorul friteuzei cu aer şi lăsaţi să se răcească în tava pe un grătar timp de 20 de minute înainte de a feli şi a servi.

Tort cu portocale

Timp de preparare: 10 minute | Timp de gătire: 23 minute | Pentru 8 portii

Spray de copt antiaderent cu făină

1¼ cani de faina universala

$^1/_3$ cană făină galbenă de porumb

¾ cană zahăr alb

1 lingurita de bicarbonat de sodiu

¼ cană ulei de şofrănel

1¼ cană suc de portocale, împărţit

1 lingurita de vanilie

¼ cană zahăr pudră

1. Setaţi temperatura cuptorului pentru friteuza cu aer la 350 °F (177 °C). Apăsaţi Start pentru a începe preîncălzirea.

2. Pulverizaţi o foaie de copt cu spray antiaderent şi lăsaţi deoparte.

3. Într-un castron mediu, combinaţi făina, mălaiul, zahărul, bicarbonatul de sodiu, uleiul de şofrănel, 1 cană de suc de portocale şi vanilia şi amestecaţi bine.

4. Turnaţi aluatul pe tava de copt şi puneţi-l în cuptorul pentru friteuză cu aer. Coaceţi timp de 23 de minute

sau până când o scobitoare introdusă în centrul prăjiturii iese curată.

5. Scoateți tortul din cuptor și puneți-l pe un grătar de răcire. Cu o scobitoare, faceți aproximativ 20 de găuri în tort.

6. Într-un castron mic, combinați ¼ de cană de suc de portocale și zahărul pudră și amestecați bine. Turnați acest amestec peste prăjitura fierbinte încet, astfel încât prăjitura să-l absoarbă.

7. Se lasa sa se raceasca complet, apoi se taie felii pentru a servi.

Pere și mere crocante

Timp de preparare: 10 minute | Timp de gătire: 20 minute | Pentru 6

½ liră (227 g) mere, fără miez și mărunțite

½ liră (227 g) pere, fără miez și mărunțite

1 cană de făină

1 cană de zahăr

1 lingura de unt

1 lingurita de scortisoara pudra

¼ linguriță cuișoare măcinate

1 lingurita extract de vanilie

¼ cana nuci tocate

Frisca, de servit

1. Setați temperatura cuptorului pentru friteuza cu aer la 340 °F (171 °C). Apăsați Start pentru a începe preîncălzirea.

2. Ungeți ușor o tavă de copt și puneți înăuntru merele și perele.

3. Combinați restul ingredientelor, mai puțin nucile și frișca, până obțineți o textură groasă și sfărâmicioasă.

4. Se toarnă amestecul peste fructe și se întinde uniform. Deasupra cu nuca tocata.

5. Coaceți timp de 20 de minute sau până când blatul devine maro auriu.

6. Cand este fiert, se serveste la temperatura camerei cu frisca.

Mere umplute cu nuci si cirese

Timp de preparare: 10 minute | Timp de gătire: 20 minute | Pentru 4 persoane

4 mere (aproximativ 1¼ lire/567 g)

¼ cana nuci tocate

⅓ cană de cireșe uscate

1 lingura unt topit

3 linguri de zahar brun

¼ linguriță ienibahar

Vârf de cuțit de sare

Inghetata, de servit

1. Tăiați partea de sus ½ inch din fiecare măr; plafoane de rezervă. Folosind o lunetă de pepene galben, treceți miezul prin capetele tulpinii fără a rupe fundul. (Nu tăiați bazele.)

2. Setați temperatura cuptorului pentru friteuza cu aer la 350 °F (177 °C). Apăsați Start pentru a începe preîncălzirea. Combinați nucile, cireșele, untul, zahărul brun, ienibaharul și un praf de sare. Umpleți amestecul în centrele goale ale merelor. Deasupra cu blaturi de mere. Puneți în tigaia perforată la cuptor, folosind clești. Se prăjește la aer timp de 20 până la 25 de minute sau până când se înmoaie.

3. Se serveste fierbinte cu inghetata.

Tort cu ananas si ciocolata

Timp de preparare: 10 minute | Timp de gătire: 35 până la 40 de minute | Pentru 4 persoane

2 căni de făină

4 uncii (113 g) unt, topit

¼ cană) zahăr

½ liră (227 g) ananas tocat

½ cană suc de ananas

1 uncie (28 g) ciocolată neagră rasă

1 ou mare

2 linguri lapte degresat

1. Setați temperatura cuptorului pentru friteuza cu aer la 370 °F (188 °C). Apăsați Start pentru a începe preîncălzirea.

2. Unge o tava de tort cu putin ulei sau unt.

3. Într-un castron, combinați untul și făina pentru a crea o consistență sfărâmicioasă.

4. Adăugați zahărul, ananasul tocat, sucul și ciocolata neagră rasă și amestecați bine.

5. Într-un castron separat, combinați oul și laptele. Adăugați acest amestec în amestecul de făină și amestecați bine până se formează un aluat moale.

6. Se toarnă amestecul în tava de tort și se transferă în cuptorul pentru friteuză cu aer.

7. Coaceți timp de 35 până la 40 de minute.

8. Serviți imediat.

Galette de ananas

Timp de preparare: 10 minute | Timp de gătire: 40 minute | 2 portii

¼ de ananas mediu, decojit, dezlipit şi tăiat transversal în felii de ¼ inch grosime

2 linguri de rom negru

1 lingurita extract de vanilie

½ lingurita sare kosher

Coaja fină de ½ lime

1 aluat foietaj cumpărat din magazin, tăiat într-o rotundă de 8 inci

3 linguri de zahar granulat

2 linguri de unt nesarat, taiate cubulete si racite

Inghetata de cocos, de servit

1. Setați temperatura cuptorului pentru friteuza cu aer la 310ºF (154ºC). Apăsați Start pentru a începe preîncălzirea.

2. Într-un castron mic, combinați feliile de ananas, romul, vanilia, sarea și coaja de lime și lăsați să stea cel puțin 10 minute pentru a lăsa ananasul să se înmoaie în rom.

3. Între timp, apăsați aluatul foietaj în fundul și părțile laterale ale unei forme rotunde de prajitură din metal și folosiți dinții unei furculițe pentru a aplatiza fundul și părțile laterale.

4. Pe fundul aluatului se aseaza feliile de ananas in mai mult sau mai putin intr-un singur strat, apoi se presara cu zahar si se unge cu unt. Stropiți cu sucurile rămase din bol. Pune tigaia în cuptorul cu friteuză și coace până când aluatul este umflat și auriu și ananasul este ușor caramelizat deasupra, aproximativ 40 de minute.

5. Transferați tava pe un gratar să se răcească timp de 15 minute. Scoateți galeta din tigaie și serviți caldă cu înghețată de cocos.

Budinca de dovleac

Timp de preparare: 10 minute | Timp de gătire: 15 minute | Pentru 4 persoane

3 căni de piure de dovleac

3 linguri de miere

1 lingura de ghimbir

1 lingura scortisoara

1 lingurita cuisoare

1 lingurita nucsoara

1 cană smântână integrală

2 oua

1 cană de zahăr

1. Setați temperatura cuptorului pentru friteuza cu aer la 390 °F (199 °C). Apăsați Start pentru a începe preîncălzirea.

2. Într-un bol, amestecați toate ingredientele pentru a le combina.

3. Ungeți interiorul unui vas mic de copt.

4. Se toarnă amestecul în vas și se transferă în cuptorul pentru friteuză cu aer. Coaceți timp de 15 minute. Se serveste fierbinte.

Prajitura bogata de ciocolata

Timp de preparare: 10 minute | Timp de gătire: 9 minute | Pentru 4 persoane

Spray de copt antiaderent cu făină

3 linguri de unt moale

$^1/_3$ cană plus 1 lingură de zahăr brun

1 galbenus de ou

½ cană de făină

2 linguri de ciocolata alba macinata

¼ lingurita de bicarbonat de sodiu

½ lingurita de vanilie

¾ cană chipsuri de ciocolată

1. Setați temperatura cuptorului pentru friteuza cu aer la 350 °F (177 °C). Apăsați Start pentru a începe preîncălzirea.

2. Într-un castron mediu, bate untul și zahărul brun până devin pufos. Adăugați gălbenușul de ou.

3. Adaugati faina, ciocolata alba, bicarbonatul de sodiu si vanilia si amestecati bine. Adăugați fulgii de ciocolată.

4. Tapetați o foaie de copt cu hârtie de copt. Pulverizati hartia de copt cu spray antiaderent si faina.

5. Întindeți aluatul în tava pregătită, lăsând un chenar de ½ inch pe toate părțile.

6. Coaceți aproximativ 9 minute sau până când prăjitura este ușor aurie și abia se întărește.

7. Scoateți tigaia din cuptor și lăsați să se răcească timp de 10 minute. Scoateți biscuitul din tavă, scoateți hârtia de copt și lăsați să se răcească pe un gratar.

8. Serviți imediat.

Tort cu semințe de mac cu lămâie și ricotta

Timp de preparare: 15 minute | Timp de gătire: 55 minute | Pentru 4 persoane

Unt nesarat, la temperatura camerei

1 cană făină de migdale

½ cană de zahăr

3 ouă mari

¼ cană smântână groasă

¼ cană de brânză ricotta cu grăsime

¼ cană ulei de cocos topit

2 linguri de mac

1 lingurita praf de copt

1 lingurita extract pur de lamaie

Coaja și zeama de la 1 lămâie, plus coaja pentru decorare

1. Setați temperatura cuptorului pentru friteuza cu aer la 325 °F (163 °C). Apăsați Start pentru a începe preîncălzirea.

2. Ungeți generos o tavă rotundă de copt. Tapetați fundul tavii cu hârtie de copt tăiată la dimensiune.

3. Într-un castron mare, combinați făina de migdale, zahărul, ouăle, smântâna, ricotta, uleiul de cocos, semințele de mac, praful de copt, extractul de lămâie,

coaja de lămâie şi sucul de lămâie. Bateţi cu un mixer manual la viteză medie până se omogenizează bine şi devine pufos.

4. Se toarnă aluatul în tava pregătită. Acoperiţi bine tava cu folie de aluminiu. Puneţi tigaia în cuptorul cu aer friteu şi coaceţi timp de 45 de minute. Scoateţi folia şi coaceţi încă 10 până la 15 minute până când un cuţit (nu folosiţi o scobitoare) introdus în centrul prăjiturii iese curat.

5. Lasam prajitura sa se raceasca in tava pe un gratar timp de 10 minute. Scoateţi tortul din tavă şi lăsaţi-l să se răcească pe grătar timp de 15 minute înainte de a tăia felii.

6. Acoperiţi cu coajă suplimentară de lămâie, feliaţi şi serviţi.

Rotire simplă a mărului

Timp de preparare: 10 minute | Timp de gătire: 10 minute | Pentru 4 persoane

1 măr, decojit, tăiat în sferturi și feliat subțire

½ linguriță de condiment pentru plăcintă cu dovleac

Suc de ½ lămâie

1 lingura zahar granulat

praf de sare cușer

6 foi de aluat filo

1. Setați temperatura cuptorului pentru friteuza cu aer la 330 °F (166 °C). Apăsați Start pentru a începe preîncălzirea.

2. Într-un castron mediu, combinați mărul, condimentul de plăcintă cu dovleac, sucul de lămâie, zahărul granulat și sarea kosher.

3. Tăiați foile de aluat filo în 4 bucăți egale și puneți linguri individuale de umplutură de mere în centrul fiecărei bucăți, apoi pliați ambele părți și rulați din față în spate.

4. Pulverizați tava perforată pentru cuptorul friteuzei cu aer cu spray de gătit, apoi puneți chiftelele în tava perforată și coaceți timp de 10 minute sau până când devin aurii.

5. Scoateţi empanadas din cuptorul pentru friteuză şi lăsaţi-le să se răcească pe un grătar timp de 10 minute înainte de servire.

Batoane simple de ananas

Timp de preparare: 5 minute | Timp de gătire: 10 minute | Pentru 4 persoane

½ ananas proaspăt, tăiat în bețișoare

¼ cană nucă de cocos deshidratată

1. Setați temperatura cuptorului pentru friteuza cu aer la 400ºF (204ºC). Apăsați Start pentru a începe preîncălzirea.

2. Întindeți bețișoarele de ananas cu nuca de cocos deshidratată și puneți fiecare în tava perforată din cuptorul cu aer friteuză.

3. Se prăjește la aer timp de 10 minute.

4. Serviți imediat

fursecuri cu condimente

Timp de preparare: 15 minute | Timp de gătire: 12 minute | Pentru 4 persoane

4 linguri (½ baton) unt nesarat, la temperatura camerei

2 linguri nectar de agave

1 ou mare

2 linguri de apa

2½ căni de făină de migdale

½ cană de zahăr

2 lingurițe de ghimbir măcinat

1 lingurita de scortisoara pudra

½ lingurita de nucsoara proaspat rasa

1 lingurita de bicarbonat de sodiu

¼ linguriță sare kosher

1. Setați temperatura cuptorului pentru friteuza cu aer la 325 °F (163 °C). Apăsați Start pentru a începe preîncălzirea.

2. Tapetați partea de jos a tavii perforate pentru cuptor cu friteuză cu hârtie de copt tăiată la dimensiune.

3. Într-un castron mare cu un mixer manual, bateți untul, agavele, oul și apa la viteză medie până devin pufoase.

4. Adaugati faina de migdale, zaharul, ghimbirul,
    scortisoara, nucsoara, bicarbonatul de sodiu si sarea.
    Bateţi la viteză mică până se combină bine.

5. Rulaţi aluatul în 2 linguri de bile şi aşezaţi-le pe hârtie
    de copt în tava perforată. Coaceţi timp de 12 minute
    sau până când vârfurile fursecurilor sunt uşor aurii.

6. Transferaţi pe un grătar şi lăsaţi să se răcească
    complet.

7. Serviţi imediat

Coaste prăjite la aer

Timp de preparare: 5 minute | Timp de gătire: 30 minute | 2 portii

2 linguriţe fulgi de ardei roşu

¾ ghimbir măcinat

3 catei de usturoi, tocati

Sare si piper negru macinat, dupa gust.

2 coaste

1. Setaţi temperatura cuptorului pentru friteuza cu aer la 350 °F (177 °C). Apăsaţi Start pentru a începe preîncălzirea.

2. Combinaţi fulgii de ardei roşu, ghimbir, usturoi, sare şi piper într-un castron, asigurându-vă că se amestecă bine. Masaţi amestecul în coaste.

3. Prăjiţi coastele în cuptorul pentru friteuză timp de 30 de minute.

4. Aveţi grijă când îndepărtaţi resturile din cuptor din friteuza cu aer. Puneţi-le pe o farfurie de servire şi serviţi.

Coaste de vită prăjite la aer

Timp de preparare: 20 minute | Timp de gătire: 8 minute | Pentru 4 persoane

454 g coaste de vită, clătite și scurse

3 linguri otet de mere

1 cana coriandru tocat marunt

1 lingura frunze proaspete de busuioc, tocate

2 catei de usturoi tocati marunt

1 pudră de chipotle

1 lingurita de seminte de fenicul

1 lingurita boia iute

Sare kosher si piper negru, dupa gust

½ cană ulei vegetal

1. Acoperiți coastele cu ingredientele rămase și lăsați-le la frigider pentru cel puțin 3 ore.

2. Setați temperatura cuptorului pentru friteuza cu aer la 360 °F (182 °C). Apăsați Start pentru a începe preîncălzirea.

3. Separati coastele de marinata si puneti-le intr-o tigaie grill. Se prăjește la aer timp de 8 minute.

4. Se toarnă restul de marinată peste coaste înainte de servire.

Coaste de miel prăjite la aer

Timp de preparare: 5 minute | Timp de gătire: 18 minute | Pentru 4 persoane

2 linguri muştar

454 g coaste de miel

1 lingurita rozmarin tocat

Sare si piper negru macinat, dupa gust.

¼ cana frunze de menta tocate

1 cană iaurt verde

1. Setaţi temperatura cuptorului pentru friteuza cu aer la 350 °F (177 °C). Apăsaţi Start pentru a începe preîncălzirea.

2. Foloseşte o pensulă pentru a aplica muştarul pe coastele de miel şi asezonează cu rozmarin, sare şi piper.

3. Prăjiţi coastele cu aer în cuptorul pentru friteuză timp de 18 minute.

4. Între timp, combinaţi frunzele de mentă şi iaurtul într-un castron.

5. Scoateţi coastele de miel din cuptorul cu aer friteuit când sunt gătite şi serviţi cu iaurtul de mentă.

Grătar în aer liber

Timp de preparare: 15 minute | Timp de gătire: 25 minute | Pentru 8 portii

2 lire (907 g) friptură de Londra

3 catei mari de usturoi, tocati

3 linguri de otet balsamic

3 linguri muştar din cereale integrale

2 linguri ulei de masline

Sare de mare si piper negru macinat, dupa gust

½ lingurita fulgi de ardei rosu iute uscati

1. Spălați și uscați London Broil. Înscrieți-i părțile laterale cu un cuțit.

2. Se amestecă ingredientele rămase. Frecați acest amestec pe grătar, acoperindu-l bine. Se marina pentru minim 3 ore.

3. Setați temperatura cuptorului pentru friteuza cu aer la 400ºF (204ºC). Apăsați Start pentru a începe preîncălzirea.

4. Prăjiți carnea timp de 15 minute. Întoarceți și prăjiți la aer încă 10 minute înainte de servire.

Friptură de Ribeye prăjită în aer

Timp de preparare: 5 minute | Timp de gătire: 15 minute | Portie 1

1 (1 liră/454 g) friptură de coastă

Sare si piper negru macinat, dupa gust.

1 lingura ulei de arahide

½ lingură de unt

½ lingurita de cimbru tocat

1. Setați temperatura cuptorului pentru friteuza cu aer la 400ºF (204ºC). Apăsați Start pentru a începe preîncălzirea.

2. Se condimentează fileurile cu sare și piper.

3. Unge o tigaie cu ulei de arahide. Se prăjește friptura la foc mediu timp de 2 minute.

4. Întoarceți friptura și puneți-o în cuptorul pentru friteuză timp de 6 minute.

5. Scoateți friptura din cuptorul cu friteuză și puneți-o înapoi pe aragaz la foc mic pentru a se menține cald.

6. Se adauga untul si cimbrul si se prajesc 3 minute.

7. Se odihnește 5 minute și se servește.

Friptură flană cu unt de avocado

Timp de preparare: 5 minute | Timp de gătire: 12 minute | Portie 1

1 friptură de fustă

Sare si piper negru macinat, dupa gust.

2 avocado

2 linguri de unt topit

½ cană sos chimichurri

1. Frecați friptura cu sare și piper după gust și lăsați-o să se odihnească 20 de minute.

2. Setați temperatura cuptorului pentru friteuza cu aer la 400 °F (204 °C) și puneți un suport înăuntru.

3. Tăiați avocado în jumătate și îndepărtați oasele. Puneți pulpa într-un castron și zdrobiți-o cu o furculiță. Se amestecă untul topit și sosul chimichurri, asigurându-vă că totul este bine combinat.

4. Pune friptura în cuptorul cu friteuză și se prăjește timp de 6 minute. Întoarceți și prăjiți la aer încă 6 minute.

5. Serviți friptura cu untul de avocado.

Cotlete de porc umplute cu pere si bacon

Timp de preparare: 20 minute | Timp de gătire: 24 minute | Pentru 3 portii

4 felii de bacon, tocate

1 lingura de unt

½ cana ceapa tocata marunt

⅓ cană bulion de pui

1½ cani cuburi de umplutura condimentate

1 ou bătut

½ linguriță de cimbru uscat

½ lingurita sare

⅛ linguriță de piper negru proaspăt măcinat

1 para, tocata marunt

⅓ cană de brânză albastră mărunțită

3 cotlete de porc dezosate, tăiate în centru (2 inci grosime)

Ulei de măsline pentru ungere

Sare si piper negru proaspat macinat, dupa gust.

1. Setați temperatura cuptorului pentru friteuza cu aer la 400ºF (204ºC). Apăsați Start pentru a începe preîncălzirea.

2. Pune baconul în tava perforată a cuptorului cu friteuză și se prăjește la aer timp de 6 minute, amestecând la

jumătatea timpului de gătire. Scoateți baconul și lăsați-l deoparte pe un prosop de hârtie. Se toarnă grăsimea de pe fundul cuptorului pentru friteuză.

3. Pentru a face umplutura, topiți untul într-o cratiță medie la foc mediu pe aragaz. Adaugam ceapa si caliti cateva minute pana incepe sa se inmoaie. Adăugați bulion de pui și fierbeți timp de 1 minut. Luați tigaia de pe foc și adăugați cuburile de umplutură. Se amestecă până când bulionul a fost absorbit. Adăugați oul, cimbru uscat, sare și piper negru proaspăt măcinat și amestecați până se omogenizează. Adăugați pera tocată și brânza albastră mărunțită.

4. Puneți cotletele de porc pe o masă de tăiat. Folosind palma pentru a menține cotletul plat și ferm, tăiați partea laterală a cotletului de porc pentru a face un buzunar în centrul cotletului. Lăsați aproximativ un centimetru de cotlet netăiat și asigurați-vă că nu tăiați până la capăt cotletul de porc. Ungeți cotletele de porc pe ambele părți cu ulei de măsline și condimentați cu sare și piper negru proaspăt măcinat. Umpleți fiecare cotlet de porc cu o treime din umplutură, împachetând ferm umplutura în buzunar.

5. Setați temperatura cuptorului pentru friteuza cu aer la 360 °F (182 °C). Apăsați Start pentru a începe preîncălzirea.

6. Pulverizați sau ungeți cu ulei părțile laterale ale tăvii perforate ale cuptorului cu aer. Puneți cotletele de porc în tava perforată cu marginea deschisă și umplerea cotletei de porc spre marginile exterioare ale tigaii perforate.

7. Prăjiți cotletele de porc timp de 18 minute, întorcându-le la jumătatea timpului de gătire. Când cotletele sunt gata, lăsați-le să se odihnească 5 minute și apoi transferați-le pe un platou de servire.

Carne de porc invelita cu bacon cu sos de mere

Timp de preparare: 10 minute | Timp de gătire: 25 minute | Pentru 4 persoane

Porc:

1 lingură muştar de Dijon

1 muschi de porc

3 fasii de bacon

Sos de mere:

3 linguri ghee, împărţite

1 şalotă tocată

2 mere

1 lingură făină de migdale

1 cană bulion de legume

½ linguriţă de muştar de Dijon

1. Setaţi temperatura cuptorului pentru friteuza cu aer la 360 °F (182 °C). Apăsaţi Start pentru a începe preîncălzirea.

2. Întindeţi muştarul de Dijon peste tot muschiul şi înveliţi carnea cu fâşii de slănină.

3. Puneţi în cuptorul pentru friteuză şi prăjiţi timp de 12 minute. Utilizaţi un termometru pentru carne pentru a verifica dacă este gata.

4. Pentru a face sosul, se încălzeşte 1 lingură ghee într-o tigaie şi se adaugă eşalota. Gatiti 1 minut.

5. Apoi adăugaţi merele, gătiţi timp de 4 minute până se înmoaie.

6. Adăugaţi făină şi 2 linguri de ghee pentru a face un roux. Adăugaţi bulionul şi muştarul, amestecând bine pentru a se combina.

7. Când sosul începe să clocotească, adăugaţi 1 cană de mere sotate şi gătiţi până se îngroaşă sosul.

8. Odată ce muşchiul de porc este fiert, lăsaţi-l să se odihnească timp de 8 minute înainte de a tăia felii.

9. Se serveste deasupra cu sos de mere.

Coaste de porc la grătar

Timp de preparare: 5 minute | Timp de gătire: 30 minute | Pentru 4 persoane

1 lingură sos uscat pentru prăjire

1 lingurita mustar

1 lingura otet de mere

1 lingurita ulei de susan

1 kilogram (454 g) coaste de porc tocate

1. Combinaţi frecarea uscată, muştarul, oţetul de mere şi uleiul de susan, apoi ungeţi coastele cu acest amestec. Daţi coastele la frigider pentru 20 de minute.

2. Setaţi temperatura cuptorului pentru friteuza cu aer la 360 °F (182 °C). Apăsaţi Start pentru a începe preîncălzirea.

3. Când coastele sunt gata, puneţi-le în cuptorul pentru friteuză şi prăjiţi-le timp de 15 minute. Întoarceţi-le şi prăjiţi pe cealaltă parte încă 15 minute.

4. Serviţi imediat.

Fripturi de porc la grătar

Timp de preparare: 5 minute | Timp de gătire: 15 minute | Pentru 4 persoane

4 fripturi de porc

1 lingură condiment cajun

2 linguri sos BBQ

1 lingura otet

1 lingurita sos de soia

½ cană zahăr brun

½ cană sos de roşii

1. Setaţi temperatura cuptorului pentru friteuza cu aer la 290 °F (143 °C). Apăsaţi Start pentru a începe preîncălzirea.
2. Presăraţi muschii de porc cu condimente cajun.
3. Combinaţi ingredientele rămase şi ungeţi fileurile.
4. Adăugaţi fileurile acoperite în cuptorul pentru friteuza cu aer. Se prăjeşte la aer timp de 15 minute până când se rumenesc.
5. Serviţi imediat.

Burgeri de vită și brânză cheddar

Timp de preparare: 20 minute | Timp de gătire: 25 minute | Pentru 4 persoane

1 lingura ulei de masline

1 ceapă, tăiată rondele

1 lingurita de usturoi tocat sau tocat

1 lingurita mustar

1 lingurita busuioc

1 lingurita ierburi amestecate

Sare si piper negru macinat, dupa gust.

1 lingurita rosii, piure

4 chifle

1 uncie (28 g) brânză cheddar

298 g (10,5 uncii) carne de vită, tocată

frunze de salata

1. Setați temperatura cuptorului pentru friteuza cu aer la 390 °F (199 °C). Apăsați Start pentru a începe preîncălzirea.

2. Ungeți cuptorul cu ulei de măsline și lăsați-l să se încălzească.

3. Puneți ceapa tocată în cuptorul cu friteuză și prăjiți până când se rumenește.

4. Se amestecă usturoiul, muştarul, busuiocul, ierburile, sare şi piper şi se prăjesc timp de 25 de minute.

5. Puneţi 2 până la 3 rondele de ceapă şi roşiile zdrobite pe două dintre chifle. Pune deasupra o felie de brânză şi stratul de carne. Acoperiţi cu frunze de salată şi orice alte condimente care vă plac înainte de a închide sandvişul cu celelalte chifle.

6. Serviţi imediat.

Friptură de carne de vită și porc

Timp de preparare: 20 minute | Timp de gătire: 25 minute | Pentru 4 persoane

¾ lira (340 g) mandrina măcinată

4 uncii (113 g) cârnați de porc măcinat

1 cană de eșalotă tocată mărunt

2 oua, bine batute

3 linguri de lapte natural

1 lingura sos de stridii

1 lingurita ciuperci porcini

½ linguriță de chimen pudră

1 lingurita pasta de usturoi

1 lingura patrunjel proaspat

Sare si fulgi de ardei rosu macinati, dupa gust

1 cană de biscuiți zdrobiți

spray de gatit

1. Setați temperatura cuptorului pentru friteuza cu aer la 360 °F (182 °C). Apăsați Start pentru a începe preîncălzirea. Pulverizați o tavă de copt cu spray de gătit.

2. Amestecă toate ingredientele într-un castron mare, combinând totul bine.

3. Transferați în tava de copt și coaceți în cuptorul pentru friteuză timp de 25 de minute.

4. Se serveste fierbinte.

Rulouri cu carne și spanac

Timp de preparare: 10 minute | Timp de gătire: 14 minute | 2 portii

3 lingurite pesto

2 lire (907 g) friptură de vită

6 felii de brânză provolone

3 uncii (85 g) ardei gras roșii prăjiți

¾ cană baby spanac

1 lingurita sare de mare

1 lingurita piper negru

1. Setați temperatura cuptorului pentru friteuza cu aer la 400ºF (204ºC). Apăsați Start pentru a începe preîncălzirea.

2. Se toarnă cantități egale de pesto pe fiecare friptură și se întinde uniform.

3. Puneți brânza, ardeii roșii prăjiți și spanacul deasupra cărnii, la aproximativ trei sferturi din jos.

4. Rulați friptura, ținând-o pe loc cu scobitori. Se presară cu sare de mare și piper.

5. Puneți în cuptorul cu friteuză și prăjiți cu aer timp de 14 minute, rotindu-se la jumătatea timpului de gătire.

6. Lăsaţi carnea să se odihnească 10 minute înainte de a
    tăia şi servi.

Cuburi de carne si legume

Timp de preparare: 15 minute | Timp de gătire: 17 minute | Pentru 4 persoane

2 linguri ulei de masline

1 lingura otet de mere

1 linguriță sare de mare fină

½ lingurita piper negru macinat

1 linguriță eșalotă pudră

¾ lingurita de piper cayenne afumat

½ linguriță de usturoi pudră

¼ linguriță de chimen măcinat

454 g file de vită, tăiat cubulețe

4 uncii (113 g) broccoli, tăiat în buchețe

4 uncii (113 g) ciuperci, feliate

1 lingurita busuioc uscat

1 lingurita de seminte de telina

1. Masați uleiul de măsline, oțetul, sarea, piperul negru, pudra de eșalotă, ardeiul de cayenne, pudra de usturoi și chimenul în friptura tăiată cubulețe, asigurându-vă că acoperiți fiecare bucată uniform.

2. Se marina pentru minim 3 ore.

3. Setați temperatura cuptorului pentru friteuza cu aer la 365 °F (185 °C). Apăsați Start pentru a începe preîncălzirea.

4. Puneți cuburile de vită în tava perforată a cuptorului pentru friteuză și prăjiți la aer timp de 12 minute.

5. Când friptura este gătită, puneți-o într-un castron.

6. Ștergeți grăsimea din tava perforată și turnați legumele. Se asezoneaza cu busuioc si seminte de telina.

7. Creșteți temperatura cuptorului pentru friteuza cu aer la 400 °F (204 °C) și prăjiți la aer timp de 5 până la 6 minute. Cand legumele sunt fierbinti, serviti-le cu friptura.

Rulouri de ouă cu cheeseburger de vită

Timp de preparare: 15 minute | Timp de gătire: 8 minute | Face 6 rulouri cu ouă

8 uncii (227 g) carne de vită macră crudă

½ cană ceapă tocată

½ cană ardei gras tocat

¼ lingurita praf de ceapa

¼ linguriță de usturoi pudră

3 linguri crema de branza

1 lingura de mustar galben

3 linguri de brânză cheddar rasă

6 chipsuri de murături cu mărar, tocate

6 împachetări de rulouri de ouă

1. Setați temperatura cuptorului pentru friteuza cu aer la 392ºF (200ºC). Apăsați Start pentru a începe preîncălzirea.

2. Într-o tigaie, adăugați carnea de vită, ceapa, ardeiul gras, praful de ceapă și pudra de usturoi. Amestecați și tocați carnea până când este gătită și legumele sunt moi.

3. Se ia tigaia de pe foc si se adauga crema de branza, mustarul si branza cheddar, amestecand pana se topesc.

4. Turnați amestecul de carne într-un bol și adăugați murăturile.

5. Întindeți ambalaje de ouă și împărțiți amestecul de carne în fiecare. Umeziți marginile învelișului ruloului de ouă cu apă. Îndoiți părțile laterale în jumătate și sigilați cu apă.

6. Repetați cu toate celelalte rulouri cu ouă.

7. Pune rulourile în cuptorul pentru friteuză cu aer, câte un lot. Se prăjește la aer timp de 8 minute.

8. Serviți imediat.

Burgeri de vita cu branza

Timp de preparare: 10 minute | Timp de gătire: 15 minute | Pentru 4 persoane

¾ de liră (340 g) costiță de vită măcinată

1 plic amestec de supă de ceapă

Sare kosher și piper negru proaspăt măcinat, după gust

1 lingurita boia

4 felii de brânză Monterey Jack

4 rulouri de ciabatta

1. Într-un castron, amestecați mandrina măcinată, amestecul de supă de ceapă, sarea, piper negru și boia de ardei pentru a se combina bine.

2. Setați temperatura cuptorului pentru friteuza cu aer la 385 °F (196 °C). Apăsați Start pentru a începe preîncălzirea.

3. Luați patru părți egale din amestec și modelați fiecare câte o chiflă. Transferați în cuptorul cu friteuză și prăjiți la aer timp de 10 minute.

4. Puneți feliile de brânză peste burgeri.

5. Se prăjește încă un minut înainte de a se servi pe rulouri de ciabatta.

Chuck de vita cu varza de Bruxelles

Timp de preparare: 20 minute | Timp de gătire: 15 minute | Pentru 4 persoane

1 kilogram (454 g) friptură de muschi de vită

2 linguri ulei vegetal

1 lingura otet de vin rosu

1 linguriță sare de mare fină

½ lingurita piper negru macinat

1 lingurita boia afumata

1 lingurita praf de ceapa

½ linguriță de usturoi pudră

½ liră (227 g) varză de Bruxelles, curățată și tăiată în jumătate

½ linguriță de semințe de fenicul

1 lingurita busuioc uscat

1 lingurita de salvie uscata

1. Masați carnea cu ulei vegetal, oțet de vin, sare, piper negru, boia de ardei, praf de ceapă și pudră de usturoi, acoperind bine.

2. Se marina pentru minim 3 ore.

3. Setați temperatura cuptorului pentru friteuza cu aer la 390 °F (199 °C). Apăsați Start pentru a începe preîncălzirea.

4. Scoateți carnea din marinată și puneți-o în cuptorul de friteuză cu aer preîncălzit. Se prăjește la aer timp de 10 minute. Întoarceți carnea la jumătate.

5. Puneți varza de Bruxelles pregătită în cuptorul pentru friteuză împreună cu semințele de fenicul, busuioc și salvie.

6. Reduceți căldura la 380ºF (193ºC) și prăjiți totul la aer timp de încă 5 minute.

7. Amestecați-le bine. Se prăjește la aer încă 10 minute.

8. Serviți imediat.

Rulouri cu ouă de vită

Timp de preparare: 15 minute | Timp de gătire: 12 minute | Face 8 rulouri cu ouă

½ ceapă tocată

2 catei de usturoi, tocati

½ pachet condimente pentru taco

Sare si piper negru macinat, dupa gust.

454 g carne macră de vită

½ conserve rotel de lime și coriandru

16 ambalaje pentru rulouri de ouă

1 cană brânză mexicană rasă

1 lingura ulei de masline

1 lingurita coriandru

1. Setați temperatura cuptorului pentru friteuza cu aer la 400 °F (205 °C). Apăsați Start pentru a începe preîncălzirea.

2. Adăugați ceapa și usturoiul într-o tigaie și gătiți până se parfumează. Apoi adăugați condimentele pentru taco, piperul, sarea și carnea, gătind până când carnea se rupe în bucăți mici și este gătită.

3. Adăugați rotelul și amestecați bine.

4. Întindeți ambalaje de ouă și ungeți-le cu o atingere de apă pentru a se înmuia ușor.

5. Încărcați ambalajele cu umplutură de carne și adăugați brânză la fiecare.

6. Îndoiți în diagonală pentru a închide și utilizați apă pentru a fixa marginile.

7. Ungeți ambalajele de ouă umplute cu ulei de măsline și adăugați-le în cuptorul pentru friteuză.

8. Se prăjește 8 minute, se răstoarnă și se prăjește încă 4 minute.

9. Se serveste presarata cu coriandru.

Muschiu de vita cu cimbru si patrunjel

Timp de preparare: 5 minute | Timp de gătire: 15 minute | Pentru 4 persoane

1 lingura unt topit

¼ de cimbru uscat

1 lingurita sare de usturoi

¼ lingurita patrunjel uscat

1 kilogram (454 g) muschi de vita

1. Într-un castron, combinați untul topit, cimbrul, sarea de usturoi și pătrunjelul.

2. Taiati muschiul de vita si aplicati generos untul asezonat cu o pensula.

3. Setați temperatura cuptorului pentru friteuza cu aer la 400 °F (204 °C) și puneți un suport înăuntru.

4. Prăjiți carnea pe grătar timp de 15 minute.

5. Aveți grijă când scoateți și serviți fierbinți.

Degete de friptură de vită

Timp de preparare: 5 minute | Timp de gătire: 8 minute | Pentru 4 persoane

4 fripturi mici de vita, taiate cubulete

Sare si piper negru macinat, dupa gust.

½ cană de făină

spray de gatit

1. Setați temperatura cuptorului pentru friteuza cu aer la 390 °F (199 °C). Apăsați Start pentru a începe preîncălzirea.

2. Tăiați fripturile cubulețe în fâșii de 1 inch lățime.

3. Se presara usor cu sare si piper dupa gust.

4. Rulați în făină pentru a acoperi toate părțile.

5. Pulverizați oala perforată pentru cuptor cu spray de gătit.

6. Puneți fâșiile de friptură într-o tavă perforată pentru friteuză într-un singur strat. Pulverizați partea superioară a fâșiilor de friptură cu ulei sau spray de gătit.

7. Prăjiți la aer timp de 4 minute, întoarceți benzile și stropiți cu spray de gătit.

8. Se prăjeşte încă 4 minute şi se testează cu o furculiță pentru a vedea dacă este fiert. Fileurile de carne trebuie să fie crocante la exterior şi fără sucuri roşii la interior.

9. Repetați paşii de la 5 la 7 pentru a prăji la aer fâşiile rămase.

10. Serviți imediat.

Tacos cu friptură de vită

Timp de preparare: 5 minute | Timp de gătire: 14 minute | Pentru 4 persoane

$^1/_3$ cană ulei de măsline

1½ lire (680 g) friptură

Sare si piper negru proaspat macinat, dupa gust.

⅓ cană suc de lămâie proaspăt stors

½ cană coriandru proaspăt tocat

4 lingurite de usturoi tocat

1 lingurita chimen macinat

1 lingurita pudra de chili

1. Ungeți tava perforată pentru cuptor cu ulei de măsline.

2. Așezați friptura într-un bol mare de amestecare. Condimentați cu sare și piper.

3. Adăugați sucul de lămâie, coriandru, usturoi, chimen și praf de chili și amestecați pentru a acoperi friptura.

4. Pentru cea mai bună aromă, marinați friptura la frigider pentru aproximativ 1 oră.

5. Setați temperatura cuptorului pentru friteuza cu aer la 400°F (204°C)

6. Așezați friptura în tava perforată a cuptorului pentru friteuza cu aer. Se prăjește la aer timp de 7 minute.

Întoarceți friptura. Se prăjeşte încă 7 minute sau până când temperatura internă atinge cel puțin 145 °F (63 °C).

7. Lăsați friptura să se odihnească aproximativ 5 minute, apoi tăiați fâşii pentru a servi.

Char Siew

Timp de preparare: 10 minute | Timp de gătire: 20 minute | Pentru 4 până la 6 porții

1 fâşie de muschi de porc cu o cantitate bună de grăsime marmorată

Ulei de măsline, pentru a peria tigaia

Marinada:

1 lingurita ulei de susan

4 linguri miere cruda

1 linguriță sos de soia închis în sodiu

1 lingurita sos de soia usor

1 lingura vin roze

2 linguri sos hoisin

1. Combinați ingredientele pentru marinată într-o pungă
   Ziploc. Puneți carnea de porc în pungă, asigurându-vă că
   toate secțiunile fâșiei de porc sunt scufundate în
   marinadă. Răciți cel puțin 3 ore.

2. Scoateți banda cu 30 de minute înainte de a plănui să
   prăjiți și setați temperatura cuptorului pentru friteuza
   cu aer la 350ºF (177ºC). Apăsați Start pentru a începe
   preîncălzirea.

3. Puneti folie de aluminiu intr-o tigaie mica si ungeti cu
   ulei de masline. Puneți fâșia de porc marinată în tava
   pregătită.

4. Se prăjește în cuptorul pentru friteuză timp de 20 de
   minute.

5. Glazurați cu marinada la fiecare 5 până la 10 minute.

6. Scoateți banda și lăsați-o să se răcească câteva minute
   înainte de a o tăia.

7. Serviți imediat.

Burst de bacon și cheddar cu spanac

Timp de preparare: 5 minute | Timp de gătire: 60 minute | Pentru 8 portii

30 de felii de bacon

1 lingură condiment chipotle

2 lingurite condimente italiene

2½ căni de brânză cheddar

4 căni de spanac crud

1. Setați temperatura cuptorului pentru friteuza cu aer la 375 °F (191 °C). Apăsați Start pentru a începe preîncălzirea.

2. Țesiți slanina în 15 bucăți verticale și 12 orizontale. Tăiați 3 în plus în jumătate pentru a umple restul, pe orizontală.

3. Asezonați baconul cu condimente Chipotle și condimente italiene.

4. Adăugați brânza în slănină.

5. Adăugați spanacul și apăsați în jos pentru a comprima.

6. Rulați slanina împletită strâns.

7. Tapetați o tavă de copt cu hârtie de bucătărie și adăugați multă sare.

8. Așezați slănina deasupra unui grătar de răcire și puneți-o deasupra foii de copt.

9. Coaceți timp de 60 de minute.

10. Lasam sa se raceasca 15 minute inainte de a taia si servi.

Curry de pui cu miere de portocale

Timp de preparare: 10 minute | Timp de gătire: 16 până la 19 minute | Pentru 4 persoane

¾ de liră (340 g) pulpe de pui dezosate şi fără piele, tăiate în bucăţi de 1 inch

1 ardei gras galben, tăiat în bucăţi de 1½ inch

1 ceapa rosie mica, taiata felii

Ulei de măsline de nebulizat

¼ cană supă de pui

2 linguri de miere

¼ cană suc de portocale

1 lingura amidon de porumb

2 până la 3 linguriţe de pudră de curry

1. Setaţi temperatura cuptorului pentru friteuza cu aer la 370 °F (188 °C). Apăsaţi Start pentru a începe preîncălzirea.

2. Pune pulpele de pui, ardeiul gras şi ceapa roşie în tigaia perforată din cuptorul pentru friteuză şi stropim cu ulei de măsline.

3. Se prăjeşte timp de 12 până la 14 minute sau până când
    puiul este gătit la 165ºF (74ºC), scuturând tigaia
    perforată la jumătatea timpului de gătire.

4. Scoateţi puiul şi legumele din tigaia perforată din
    cuptorul pentru friteuză şi lăsaţi deoparte.

5. Într-un castron de metal, combinaţi bulionul, mierea,
    sucul de portocale, amidonul de porumb şi pudra de
    curry şi amestecaţi bine. Se adauga puiul si legumele, se
    amesteca si se da vasul la cuptor.

6. Se prăjeşte timp de 2 minute. Scoateţi şi amestecaţi,
    apoi prăjiţi timp de 2 până la 3 minute sau până când
    sosul este gros şi clocoti.

7. Se serveste fierbinte.

Fâșii de pui cu mărar

Timp de preparare: 15 minute | Timp de gătire: 10 minute | Pentru 4 persoane

2 piept de pui întregi, dezosați, fără piele, tăiați în jumătate pe lungime

1 cană de dressing italian

3 căni de chipsuri de cartofi mărunțiți

1 lingură mărar uscat

1 lingura praf de usturoi

1 ou mare, bătut

spray de gatit

1. Într-o pungă mare resigibilă, combinați puiul și sosul italian. Sigilați punga și dați la frigider pentru a marina cel puțin 1 oră.

2. Într-un vas puțin adânc, amestecați chipsurile de cartofi, mărarul și pudra de usturoi. Puneți oul bătut într-o a doua farfurie mică.

3. Scoateți puiul din marinată. Rulați bucățile de pui în amestecul de ouă și chipsuri de cartofi, acoperind bine.

4. Setați temperatura cuptorului pentru friteuza cu aer la 325 °F (163 °C). Apăsați Start pentru a începe preîncălzirea. Tapetați tava de cuptor perforată pentru friteuza cu hârtie de copt.

5. Puneți puiul acoperit pe pergament și stropiți cu spray de gătit.

6. Coaceți timp de 5 minute. Întoarceți puiul, stropiți cu spray de gătit și coaceți încă 5 minute până când exteriorul devine crocant și în interior nu mai este roz. Serviți imediat.

Chiftele de curcan asiatice ușoare

Timp de preparare: 10 minute | Timp de gătire: 11 până la 14 minute | Pentru 4 persoane

2 linguri ulei de arahide, împărțit

1 ceapa mica tocata

¼ cana castane de apa, tocate marunt

½ linguriță de ghimbir măcinat

2 linguri de sos de soia cu conținut scăzut de sodiu

¼ cană pesmet panko

1 ou bătut

454 g de curcan măcinat

1. Setați temperatura cuptorului pentru friteuza cu aer la 400ºF (204ºC). Apăsați Start pentru a începe preîncălzirea.

2. Într-o tigaie rotundă de metal, combinați 1 lingură de ulei de arahide și ceapa. Prăjiți la aer timp de 1 până la 2 minute sau până când devin crocante. Transferați ceapa într-un bol mediu.

3. Adăugați castanele de apă, ghimbirul măcinat, sosul de soia și pesmetul și amestecați bine. Adăugați oul și amestecați bine. Se amestecă curcanul măcinat până se omogenizează.

4. Formați amestecul în chiftele de 1 inch. Peste chiftelele se stropesc lingura de ulei rămasă.

5. Coaceți chiftelele în tigaie în loturi, timp de 10 până la 12 minute sau până când arată 165ºF (74ºC) pe un termometru pentru carne. Odihnește-te timp de 5 minute înainte de servire.

Pui tandoori ușor

Timp de preparare: 5 minute | Timp de gătire: 18 până la 23 de minute | Pentru 4 persoane

$^2/_3$ cană iaurt simplu cu conținut scăzut de grăsimi

2 linguri suc de lamaie proaspat stors

2 lingurițe pudră de curry

½ lingurita de scortisoara macinata

2 catei de usturoi, tocati

2 lingurite ulei de masline

4 piept de pui dezosați și fără piele (5 uncii/142 g) cu conținut scăzut de sodiu

1. Într-un castron mediu, amestecați iaurtul, sucul de lămâie, pudra de curry, scorțișoara, usturoiul și uleiul de măsline.

2. Folosind un cuțit ascuțit, tăiați fante subțiri în pui. Adăugați amestecul de iaurt și întoarceți pentru a acoperi. Se lasa sa stea 10 minute la temperatura camerei. De asemenea, puteți face acest lucru din timp și marinați puiul la frigider până la 24 de ore.

3. Setați temperatura cuptorului pentru friteuza cu aer la 360 °F (182 °C). Apăsați Start pentru a începe preîncălzirea.

4. Scoateți puiul din marinată și scuturați excesul de lichid. Aruncați orice marinată rămasă.

5. Puiul la grătar timp de 10 minute. Folosind clești, întoarceți cu atenție fiecare bucată. Prăjiți încă 8 până la 13 minute sau până când puiul atinge o temperatură internă de 165 °F (74 °C) pe un termometru pentru carne. Serviți imediat.

Fâșii crocante de pui

Timp de preparare: 15 minute | Timp de gătire: 20 minute | Pentru 4 persoane

1 lingura ulei de masline

454 g de muschi de pui dezosati si fara piele

1 lingurita sare

½ linguriță piper negru proaspăt măcinat

½ lingurita boia

½ linguriță de usturoi pudră

½ cană pesmet de grâu integral condimentat

1 lingurita patrunjel uscat

spray de gatit

1. Setați temperatura cuptorului pentru friteuza cu aer la
    370 °F (188 °C). Apăsați Start pentru a începe
    preîncălzirea. Pulverizați ușor tava perforată a
    cuptorului pentru friteuză cu spray de gătit.

2. Într-un castron mediu, amestecați puiul cu sare, piper,
    boia de ardei și praf de usturoi până se îmbracă
    uniform.

3. Adăugați uleiul de măsline și amestecați pentru a
    acoperi puiul uniform.

4. Într-un bol separat, puțin adânc, amestecați pesmetul și
    pătrunjelul.

5. Ungeți uniform fiecare bucată de pui cu amestecul de
    pesmet.

6. Puneți puiul într-un singur strat într-un singur strat în
    tava perforată pentru friteuză și stropiți ușor cu spray
    de gătit. Poate fi necesar să le gătiți în loturi.

7. Se prăjește la aer timp de 10 minute. Întoarceți puiul,
    stropiți ușor cu spray de gătit și prăjiți la aer timp de 8
    până la 10 minute, până când devine maro auriu. A se
    prezenta, frecventa.

Fâșii de pui fajita

Timp de preparare: 10 minute | Timp de gătire: 15 minute | Pentru 4 persoane

454 g de muschi de pui dezosati, fara piele, taiati fasii

3 ardei grasi, de orice culoare, taiati bucatele

1 ceapa taiata bucatele

1 lingură ulei de măsline, plus mai mult pentru stropire

1 lingură amestec de condimente pentru fajita

spray de gatit

1. Setați temperatura cuptorului pentru friteuza cu aer la 370 °F (188 °C). Apăsați Start pentru a începe preîncălzirea.

2. Într-un castron mare, aruncați puiul, ardeii, ceapa, uleiul de măsline și amestecul de condimente pentru fajita până când sunt acoperiți complet.

3. Pulverizați ușor tava perforată a cuptorului pentru friteuză cu spray de gătit.

4. Puneți puiul și legumele în tigaia perforată în cuptorul pentru friteuză și stropiți ușor cu spray de gătit.

5. Se prăjește la aer timp de 7 minute. Agitați tigaia perforată și prăjiți la aer încă 5 până la 8 minute, până când puiul este gătit și legumele încep să se carbonizeze.

6. Se serveste fierbinte.

Taquitos de pui prajit cu bivoliță

Timp de preparare: 15 minute | Timp de gătire: 5 până la 10 minute | Pentru 6

8 uncii (227 g) cremă de brânză fără grăsimi, înmuiată

⅛ cană sos de bivoliță

2 căni de pui gătit mărunțit

12 tortilla cu făină cu conținut scăzut de carbohidrați (7 inchi)

spray de gatit

1. Setați temperatura cuptorului pentru friteuza cu aer la 360 °F (182 °C). Apăsați Start pentru a începe preîncălzirea. Pulverizați ușor tava perforată a cuptorului pentru friteuză cu spray de gătit.

2. Într-un castron mare, amestecați crema de brânză și sosul de bivoliță până se combină bine. Adăugați puiul și amestecați până se omogenizează.

3. Așezați tortilla pe un spațiu de lucru curat. Puneți 2 până la 3 linguri de amestec de pui într-o linie subțire în centrul fiecărei tortille. Rulați tortillas.

4. Aşezaţi tortilla în tava perforată pentru friteuză, cu cusătura în jos. Pulverizaţi uşor fiecare tortilla cu spray de gătit. Poate fi necesar să gătiţi taquitos în loturi.

5. Se prăjeşte la aer până devine maro auriu, 5 până la 10 minute. Se serveste fierbinte.

Pulpe de pui cu usturoi si soia

Timp de preparare: 10 minute | Timp de gătire: 30 minute | 1 până la 2 porții

2 linguri supa de pui

2 linguri de sos de soia cu sodiu redus

1½ linguri de zahar

4 catei de usturoi, zdrobiti si curatati de coaja

2 ceai mari, tăiați în bețe de 2 până la 3 inci, plus mai mulți, feliați subțiri, pentru ornat

2 pulpe de pui cu os, pe piele (7 până la 8 uncii/198 până la 227 g fiecare)

1. Setați temperatura cuptorului pentru friteuza cu aer la 375 °F (191 °C). Apăsați Start pentru a începe preîncălzirea.

2. Într-o tavă metalică pentru tort, combinați bulionul de pui, sosul de soia și zahărul și amestecați până când zahărul se dizolvă. Adăugați căței de usturoi, ceai și pulpe de pui, răsturnând pulpele pentru a se acoperi cu marinada, apoi puneți-le cu pielea în sus. Puneți tigaia în cuptorul cu friteuză și coaceți, întorcând pulpele la fiecare 5 minute după primele 10 minute, până când puiul este gătit și marinada se reduce la o glazură lipicioasă pe pui, aproximativ 30 de minute.

3. Scoateți tigaia din cuptor și serviți pulpele de pui calde, cu glazura rămasă deasupra și presărate cu mai multe șapte feliate.

Pulpe de pui cu ghimbir

Timp de preparare: 10 minute | Timp de gătire: 10 minute | Pentru 4 persoane

¼ cană ghimbir proaspăt curățat julienne

2 linguri ulei vegetal

1 lingura miere

1 lingura sos de soia

1 lingura sos de rosii

1 lingurita garam masala

1 lingurita turmeric macinat

¼ linguriță sare kosher

½ lingurita piper cayenne

Spray cu ulei vegetal

454 g pulpe de pui dezosate și fără piele, tăiate transversal în treimi

¼ cană coriandru proaspăt tocat, pentru a decora

1. Într-un castron mic, combinați ghimbirul, uleiul, mierea, sosul de soia, ketchup-ul, garam masala, turmeric, sare și piper cayenne. Bateți până se combină bine. Puneți puiul într-o pungă de plastic resigilabilă și turnați marinada. Sigilați punga și masați pentru a acoperi tot puiul cu marinada. Marinați la temperatura camerei timp de 30 de minute sau la frigider până la 24 de ore.

2. Setați temperatura cuptorului pentru friteuza cu aer la 350 °F (177 °C). Apăsați Start pentru a începe preîncălzirea.

3. Pulverizați tava perforată pentru friteuză cu spray de ulei vegetal și adăugați puiul și cât mai mult din marinadă și ghimbir tăiat juliană. Coaceți timp de 10 minute. Utilizați un termometru pentru carne pentru a vă asigura că puiul a atins o temperatură internă de 165 °F (74 °C).

4. Pentru a servi se ornează cu coriandru.

Pulpe de pui glazurate

Timp de preparare: 5 minute | Timp de gătire: 20 minute | 2 portii

4 pulpe de pui

3 linguri sos de soia

2 linguri de zahar brun

1 lingurita de usturoi tocat

1 lingurita de ghimbir proaspat tocat

1 lingurita ulei de susan prajit

½ linguriță fulgi de ardei roşu

½ lingurita sare kosher

½ lingurita piper negru

1. Setați temperatura cuptorului pentru friteuza cu aer la 400ºF (204ºC). Apăsați Start pentru a începe preîncălzirea.

2. Tapetați o tavă rotundă de copt cu folie de aluminiu. (Dacă nu faci asta, vei ajunge să freci pentru totdeauna sau să arunci tigaia.) Puneți tobe în tava pregătită.

3. Într-un castron mediu, amestecați sosul de soia, zahărul brun, usturoiul, ghimbirul, uleiul de susan, fulgii de ardei roşu, sare şi piper negru. Se toarnă sosul peste tobe şi se amestecă pentru a se acoperi.

4. Puneți tava în cuptorul cu aer friteu. Prăjiți la aer timp de 20 de minute, rotind beţişoarele la jumătatea timpului de gătire. Utilizați un termometru pentru carne pentru a vă asigura că puiul a atins o temperatură internă de 165 °F (74 °C). Serviți imediat.

Pui tropical hawaian

Timp de preparare: 10 minute | Timp de gătire: 15 minute | Pentru 4 persoane

4 pulpe de pui dezosate și fără piele (aproximativ 680 g)

1 conserve (8 uncii/227 g) bucăți de ananas cu suc, scurse, rezervând ¼ cană suc

¼ cană sos de soia

¼ cană) zahăr

2 linguri sos de rosii

1 lingura de ghimbir proaspat tocat

1 lingura de usturoi tocat

¼ cană de arpagic tocat

1. Folosiți o furculiță pentru a perfora puiul peste tot
    pentru a permite marinada să pătrundă mai bine. Pune
    puiul într-un castron mare sau într-o pungă mare de
    plastic resigilabilă.

2. Pune deoparte bucățile de ananas scurse. Într-un
    castron mic pentru cuptorul cu microunde, combinați
    sucul de ananas, sosul de soia, zahărul, ketchup-ul,
    ghimbirul și usturoiul. Se toarnă jumătate din sos peste
    pui; arunca pentru a acoperi. Rezervați sosul rămas.
    Marinați puiul la temperatura camerei timp de 30 de
    minute sau acoperiți și lăsați-l la frigider până la 24 de
    ore.

3. Setați temperatura cuptorului pentru friteuza cu aer la
    350 °F (177 °C). Apăsați Start pentru a începe
    preîncălzirea.

4. Pune puiul în tava perforată a cuptorului pentru
    friteuză, aruncând marinada. Coaceți timp de 15
    minute, răsturnând la jumătatea timpului de gătire.

5. Între timp, puneți sosul rezervat la microunde la foc
    mare timp de 45 până la 60 de secunde, amestecând la
    fiecare 15 secunde, până când sosul capătă consistența
    unei glazură groasă.

6. La sfârșitul timpului de gătit, utilizați un termometru pentru carne pentru a vă asigura că puiul a atins o temperatură internă de 165ºF (74ºC).

7. Transferați puiul pe un platou de servire. Se toarnă sosul peste pui. Se ornează cu bucăți de ananas și arpagic înainte de servire.

Piept de pui cu zer din ierburi

Timp de preparare: 5 minute | Timp de gătire: 40 minute | 2 portii

1 piept mare de pui cu os si piele

1 cană de zară

1½ linguriță pătrunjel uscat

1½ linguriță de arpagic uscat

¾ linguriță sare kosher

½ linguriță mărar uscat

½ lingurita praf de ceapa

¼ linguriță de usturoi pudră

¼ linguriță tarhon uscat

spray de gatit

1. Asezati pieptul de pui intr-un castron si turnati peste zara, intoarceti puiul pentru a va asigura ca este complet acoperit. Lăsați puiul să se odihnească la temperatura camerei timp de cel puțin 20 de minute sau la frigider până la 4 ore.

2. Între timp, într-un castron, amestecați împreună pătrunjelul, ceapa, sarea, mărarul, praful de ceapă, pudra de usturoi și tarhonul.

3. Setați temperatura cuptorului pentru friteuza cu aer la 300 °F (149 °C). Apăsați Start pentru a începe preîncălzirea.

4. Scoateți puiul din zara, lăsând să picure excesul, apoi puneți pielea de pui în sus direct în cuptorul pentru friteuză. Presărați amestecul de condimente peste tot deasupra pieptului de pui, apoi lăsați-l să stea până când amestecul de ierburi se înmoaie în zara, cel puțin 5 minute.

5. Pulverizați partea de sus a puiului cu spray de gătit. Coaceți timp de 10 minute, apoi creșteți temperatura la 350ºF (177ºC) și coaceți până când un termometru cu citire instantanee introdus în partea cea mai groasă a pieptului arată 160ºF (71ºC), iar puiul este maro auriu, 30 până la 35 de minute.

6. Transferați pieptul de pui pe o masă de tăiat, lăsați-l să se odihnească 10 minute, apoi tăiați carnea de pe os și tăiați-o în felii groase pentru a servi.

Piept de curcan cu ierburi

Timp de preparare: 20 minute | Timp de gătire: 45 minute | Pentru 6

1 lingura ulei de masline

spray de gatit

2 catei de usturoi, tocati

2 lingurițe de muștar de Dijon

1½ linguriță de rozmarin

1½ linguriță de salvie

1½ linguriță de cimbru

1 lingurita sare

½ linguriță piper negru proaspăt măcinat

3 lire (1,4 kg) piept de curcan, decongelat dacă este congelat

1. Setați temperatura cuptorului pentru friteuza cu aer la 370 °F (188 °C). Apăsați Start pentru a începe preîncălzirea. Pulverizați ușor tava perforată a cuptorului pentru friteuză cu spray de gătit.

2. Într-un castron mic, amestecați usturoiul, uleiul de măsline, muștarul de Dijon, rozmarinul, salvie, cimbru, sarea și piperul pentru a face o pastă. Întindeți pasta pe tot pieptul de curcan.

3. Pune pieptul de curcan în tava perforată din cuptorul
    cu aer friteu. Se prăjеşte la aer timp de 20 de minute.
    Întoarceţi pieptul de curcan şi ungeţi-l cu orice grăsime
    care s-a acumulat în sertarul de jos al cuptorului de
    friteuză cu aer. Se prăjеşte la aer până când
    temperatura internă a cărnii atinge cel puţin 170 °F (77
    °C), încă 20 de minute.

4. Dacă doriţi, creşteţi temperatura la 400 ° F (204 ° C),
    întoarceţi pieptul de curcan pentru ultima dată şi
    prăjiţi la aer timp de 5 minute pentru un exterior
    crocant.

5. Lăsaţi curcanul să se odihnească timp de 10 minute
    înainte de a tăia şi a servi.

Pui cu miere si rozmarin

Timp de preparare: 10 minute | Timp de gătire: 20 minute | Pentru 4 persoane

¼ cană oţet balsamic

¼ cană miere

2 linguri ulei de masline

1 lingura frunze uscate de rozmarin

1 lingurita sare

½ linguriţă piper negru proaspăt măcinat

2 piept de pui întregi, dezosaţi şi fără piele (aproximativ 454 g fiecare), tăiaţi în jumătate

spray de gatit

1. Într-o pungă mare resigibilă, combinați oțetul, mierea, uleiul de măsline, rozmarinul, sarea și piperul. Adăugați bucățile de pui, sigilați punga și puneți la frigider pentru a marina timp de cel puțin 2 ore.

2. Setați temperatura cuptorului pentru friteuza cu aer la 325 °F (163 °C). Apăsați Start pentru a începe preîncălzirea. Tapetați tava de cuptor perforată pentru friteuza cu hârtie de copt.

3. Scoateți puiul din marinată și puneți-l pe pergament. Pulverizați cu spray de gătit.

4. Coaceți timp de 10 minute. Întoarceți puiul, stropiți cu spray de gătit și coaceți încă 10 minute până când temperatura internă atinge 165ºF (74ºC), iar puiul nu mai este roz în interior. Lăsați să se odihnească 5 minute înainte de servire.

Snițel israelian de pui

Timp de preparare: 5 minute | Timp de gătire: 10 minute | Pentru 4 persoane

2 piept de pui mari, dezosați și fără piele, fiecare cântărind aproximativ 1 kilogram (454 g)

1 cană făină universală

2 lingurițe de usturoi pudră

2 lingurite sare kosher

1 lingurita piper negru

1 lingurita boia

2 oua batute cu 2 linguri de apa

2 cani de pesmet panko

Spray cu ulei vegetal

Suc de lamaie, de servit

1. Setați temperatura cuptorului pentru friteuza cu aer la 375 °F (191 °C). Apăsați Start pentru a începe preîncălzirea.

2. Așezați 1 piept de pui între 2 bucăți de folie de plastic. Folosește un ciocan sau un sucitor pentru a bate puiul până când acesta are o grosime de ¼ inch. Pus deoparte. Repetați cu al doilea sân. Bateți făina, praful

de usturoi, sare, piper şi boia într-o farfurie mare.
Puneţi panko într-un castron puţin adânc sau într-o
farfurie separată de plăcintă.

3. Trageţi 1 piept de pui în făină, scuturând excesul, apoi
    scufundaţi în amestecul de ouă. Trage pieptul de pui în
    panko, asigurându-te că îl acoperiţi complet. Scuturaţi
    orice exces de panko. Pune pieptul de pui pane pe o
    farfurie. Repetaţi cu al doilea piept de pui.

4. Pulverizaţi tava perforată pentru cuptor cu spray de
    gătit. Puneţi 1 dintre piepţii de pui acoperiţi în tigaia
    perforată şi pulverizaţi blatul cu spray de gătit. Se
    prăjeşte la aer până când partea de sus este maro aurie,
    aproximativ 5 minute. Întoarceţi puiul şi pulverizaţi a
    doua parte cu spray de gătit. Se prăjeşte la aer până
    când a doua parte este maro aurie şi crocantă, iar
    temperatura internă atinge 165ºF (74ºC). Scoateţi
    primul piept de pui din cuptorul cu friteuză şi repetaţi
    cu al doilea piept de pui.

5. Se serveste fierbinte cu zeama de lamaie.

Sferturi de pulpă de pui Jerk

Timp de preparare: 8 minute | Timp de gătire: 27 minute | 2 portii

1 lingura zahar brun compact

1 linguriță de ienibahar măcinat

1 lingurita piper

1 lingurita praf de usturoi

¾ linguriță de muștar uscat

¾ linguriță de cimbru uscat

½ lingurita sare

¼ lingurita de piper cayenne

2 (10 uncii/284 g) sferturi de pulpă de pui, tăiate

1 lingurita ulei vegetal

1 ceapă, doar partea verde, feliată subțire

Felii de lamaie

1. Setați temperatura cuptorului pentru friteuza cu aer la
    400ºF (204ºC). Apăsați Start pentru a începe
    preîncălzirea.

2. Combinați zahărul, ienibaharul, piperul, pudra de
    usturoi, muștarul, cimbru, sare și piper cayenne într-un
    castron. Uscați puiul cu prosoape de hârtie. Folosind o
    frigărui de metal, faceți 10 până la 15 găuri în pielea
    fiecărei pulpe de pui. Frecați cu ulei și stropiți uniform
    cu amestecul de condimente.

3. Puneți pielea de pui în sus în tava perforată a
    cuptorului pentru friteuză, la distanță uniformă. Se
    prăjește la aer până când puiul este frumos rumenit și
    crocant, 27 până la 30 de minute, rotind puiul la
    jumătatea gătitului (nu se întoarce).

4. Transferați puiul pe o farfurie, acoperiți ușor cu folie de
    aluminiu și lăsați să se odihnească timp de 5 minute. Se
    presară cu arpagic. Serviți cu felii de lime.

Salată de pui cu lămâie și spanac

Timp de preparare: 10 minute | Timp de gătire: 16 până la 20 de minute | Pentru 4 persoane

3 (5 uncii/142 g) piept de pui dezosat și fără piele, cu conținut scăzut de sodiu, tăiat în cuburi de 1 inch

5 lingurite ulei de masline

½ linguriță de cimbru uscat

1 ceapă roșie medie, feliată

1 ardei rosu taiat felii

1 dovlecel mic, tăiat fâșii

3 linguri de suc de lamaie proaspat stors

6 căni de spanac proaspăt pentru copii

1. Setați temperatura cuptorului pentru friteuza cu aer la 400ºF (204ºC). Apăsați Start pentru a începe preîncălzirea.

2. Într-un castron mare, amestecați puiul cu ulei de măsline și cimbru. Aruncă pentru a acoperi. Transferați într-un castron mediu de metal și prăjiți timp de 8 minute în cuptorul pentru friteuză.

3. Adăugați ceapa roșie, ardeiul roșu și dovlecelul. Prăjiți încă 8 până la 12 minute, amestecând o dată în timpul gătirii sau până când puiul atinge o temperatură internă de 165 °F (74 °C) pe un termometru pentru carne.

4. Scoateți vasul din cuptorul pentru friteuză și adăugați sucul de lămâie.

5. Pune spanacul într-un bol de servire și deasupra amestecului de pui. Se amestecă pentru a se combina și se servește imediat.

Pui cu lamaie usturoi

Timp de preparare: 10 minute | Timp de gătire: 16 până la 19 minute | Pentru 4 persoane

4 piept de pui dezosați și fără piele (5 uncii/142 g) cu conținut scăzut de sodiu, tăiați în fâșii de 4 pe ½ inci

2 lingurite ulei de masline

2 linguri amidon de porumb

3 catei de usturoi, tocati

½ cană supă de pui cu conținut scăzut de sodiu

¼ cană suc de lămâie proaspăt stors

1 lingura miere

½ linguriță de cimbru uscat

1. Setați temperatura cuptorului pentru friteuza cu aer la
    400ºF (204ºC). Apăsați Start pentru a începe
    preîncălzirea.

2. Într-un castron mare, amestecați puiul și uleiul de
    măsline. Se presară cu amidon de porumb. Aruncă
    pentru a acoperi.

3. Adăugați usturoiul și transferați într-o tigaie de metal.
    Coaceți în cuptorul pentru friteuză timp de 10 minute,
    amestecând o dată în timpul gătirii.

4. Adăugați bulion de pui, sucul de lămâie, miere și
    cimbru în amestecul de pui. Coaceți încă 6 până la 9
    minute sau până când sosul se îngroașă ușor și puiul
    atinge o temperatură internă de 165ºF (74ºC) pe un
    termometru pentru carne. Serviți peste orez brun
    fierbinte, dacă doriți.

Pui cu lamaie si parmezan

Timp de preparare: 10 minute | Timp de gătire: 20 minute | Pentru 4 persoane

1 ou

2 linguri suc de lamaie

2 lingurite de usturoi tocat

½ lingurita sare

½ linguriță piper negru proaspăt măcinat

4 piept de pui dezosati, fara piele, feliati subtiri

spray de gatit

½ cană pesmet de grâu integral

¼ cană parmezan ras

1. Într-un castron mediu, amestecați oul, sucul de lămâie, ustuioiul, sarea și piperul. Adăugați pieptul de pui, acoperiți și dați la frigider până la 1 oră.

2. Într-un castron puțin adânc, combinați pesmetul și parmezanul.

3. Setați temperatura cuptorului pentru friteuza cu aer la 360 °F (182 °C). Apăsați Start pentru a începe preîncălzirea. Pulverizați ușor tava perforată a cuptorului pentru friteuză cu spray de gătit.

4. Scoateți piepții de pui din amestecul de ouă, apoi treceți-i în amestecul de pesmet și puneți-i într-un singur strat într-un singur strat în tava perforată a cuptorului pentru friteuza. Pulverizați ușor pieptul de pui cu spray de gătit. Poate fi necesar să gătiți puiul în loturi.

5. Se prăjește la aer timp de 8 minute. Întoarceți puiul, stropiți ușor cu spray de gătit și prăjiți la aer până când puiul atinge o temperatură internă de 165 °F (74 °C), încă 7 până la 12 minute.

6. Se serveste fierbinte.

Pui cu maioneza si mustar

Timp de preparare: 10 minute | Timp de gătire: 15 minute | Pentru 4 persoane

6 linguri maioneza

2 linguri muştar măcinat grosier

2 lingurite de miere (optional)

2 linguriţe pudră de curry

1 lingurita sare kosher

1 lingurita piper cayenne

1 lire (454 g) de pui

1. Setaţi temperatura cuptorului pentru friteuza cu aer la 350 °F (177 °C). Apăsaţi Start pentru a începe preîncălzirea.

2. Într-un castron mare, amestecaţi maioneza, muştarul, mierea (dacă folosiţi), pudra de curry, sarea şi piperul de cayenne. Transferaţi jumătate din amestec într-un castron de servire pentru a servi ca sos de înmuiere. Adăugaţi mâncărurile de pui în castronul mare şi amestecaţi până când sunt bine acoperite.

3. Puneți firebrands în tava perforată a cuptorului cu friteuză și coaceți timp de 15 minute. Utilizați un termometru pentru carne pentru a vă asigura că puiul a atins o temperatură internă de 165 °F (74 °C).

4. Servește puiul cu sosul de scufundare.

Chiftele Merguez

Timp de preparare: 10 minute | Timp de gătire: 10 minute | Pentru 4 persoane

454 g pui măcinat

2 catei de usturoi tocati marunt

1 lingură boia dulce maghiară

1 lingurita sare kosher

1 lingurita de zahar

1 lingurita chimen macinat

½ lingurita piper negru

½ linguriță de fenicul măcinat

½ lingurita coriandru macinat

½ lingurita piper cayenne

¼ de linguriță de ienibahar măcinat

1. Într-un castron mare, amestecați ușor puiul, usturoiul, boia de ardei, sarea, zahărul, chimenul, piperul negru, feniculul, coriandru, ardeiul cayenne și ienibaharul până când toate ingredientele sunt încorporate. Lăsați să stea timp de 30 de minute la temperatura camerei sau acoperiți și dați la frigider până la 24 de ore.

2. Setați temperatura cuptorului pentru friteuza cu aer la 400ºF (204ºC). Apăsați Start pentru a începe preîncălzirea.

3. Formați 16 chiftele cu amestecul. Puneți-le într-un singur strat în tava perforată a cuptorului cu aer friteu. Se prăjesc la aer timp de 10 minute, întorcând chiftelele la jumătatea timpului de gătire. Utilizați un termometru pentru carne pentru a vă asigura că chiftelele au atins o temperatură internă de 165 °F (74 °C).

4. Se serveste fierbinte.

Mini plăcinte cu carne de curcan cu morcov

Timp de preparare: 6 minute | Timp de gătire: 20 până la 24 de minute | Pentru 4 persoane

$^1/_3$ cană ceapă tocată

¼ cană morcov ras

2 catei de usturoi, tocati

2 linguri migdale macinate

2 lingurite ulei de masline

1 lingurita maghiran uscat

1 albus de ou

¾ de liră (340 g) piept de curcan măcinat

1. Setați temperatura cuptorului pentru friteuza cu aer la 400ºF (204ºC). Apăsați Start pentru a începe preîncălzirea.

2. Într-un castron mediu, amestecați împreună ceapa, morcovul, usturoiul, migdalele, uleiul de măsline, maghiranul și albușul de ou.

3. Adăugați curcanul măcinat. Folosind mâinile, amestecați ușor, dar bine, până se omogenizează.

4. Îndoiți 16 căni de brioșe din folie de aluminiu pentru a face 8 căni. Împărțiți amestecul de curcan în mod egal între garnituri.

5. Coaceți timp de 20 până la 24 de minute sau până când chiflele ating o temperatură internă de 165ºF (74ºC) pe un termometru pentru carne. Serviți imediat.

Nuci Pui Tenders

Timp de preparare: 5 minute | Timp de gătire: 12 minute | Pentru 4 persoane

1 lire (454 g) de pui

1 lingurita sare kosher

1 lingurita piper negru

½ lingurita boia afumata

¼ cană de muştar gros

2 linguri de miere

1 cană nuci pecan zdrobite fin

1. Setați temperatura cuptorului pentru friteuza cu aer la 350 °F (177 °C). Apăsați Start pentru a începe preîncălzirea.

2. Pune puiul într-un castron mare. Se presară cu sare, piper și boia. Se amestecă până când puiul este acoperit cu condimente. Adăugați muștarul și mierea și amestecați până când puiul este acoperit.

3. Puneți nucile pe o farfurie. Lucrând cu o bucată de pui pe rând, rulați puiul în nuci până când ambele părți sunt acoperite. Îndepărtați ușor orice nuci slăbite. Pune puiul în tava perforată din cuptorul cu aer friteu.

4. Coaceți timp de 12 minute sau până când puiul este gătit și nucile sunt aurii.

5. Se serveste fierbinte.

Rață glazurată cu portocale și miere cu mere

Timp de preparare: 5 minute | Timp de gătire: 15 minute | 2 până la 3 porții

1 lire (454 g) piept de rață (2 până la 3 piept)

Sare si piper Kosher, dupa gust

Sucul și coaja unei portocale

¼ cană miere

2 crenguțe de cimbru, plus încă pentru decorare

2 mere acre ferme, precum Fuji

1. Setați temperatura cuptorului pentru friteuza cu aer la 400ºF (204ºC). Apăsați Start pentru a începe preîncălzirea.

2. Uscați pieptul de rață și, folosind un cuțit ascuțit, faceți 3 până la 4 tăieturi diagonale superficiale în piele. Întoarceți sânii și marcați pielea în diagonală în direcția opusă pentru a crea un model de hașurare încrucișată. Se condimenteaza bine cu sare si piper.

3. Puneți pieptul de rață cu pielea în sus în tava perforată a cuptorului pentru friteuză. Grătiți timp de 8 minute, apoi întoarceți-vă și puneți la grătar încă 4 minute pe a doua parte.

4. În timp ce rața se gătește, pregătiți sosul. Combinați sucul și coaja de portocale, mierea și cimbru într-o cratiță mică. Se aduce la fierbere, amestecând pentru a dizolva mierea, apoi se reduce focul și se fierbe până se îngroașă. Merele cu coajă și tăiați-le în sferturi. Tăiați fiecare sfert în 3 sau 4 felii, în funcție de dimensiune.

5. După ce rața a fost gătită pe ambele părți, întoarceți-o și ungeți pielea cu glazură de portocale-miere. Prăjiți încă 1 minut. Scoateți pieptul de rață pe o masă de tăiat și lăsați să se odihnească.

6. Aruncați feliile de mere cu sosul de portocale și miere rămas într-un castron mediu. Aranjați merele într-un singur strat în tava perforată din cuptorul pentru friteuză. Se prăjește la aer timp de 10 minute în timp ce pieptul de rață se odihnește. Tăiați pieptul de rață pe bias și împărțiți-i și merele în 2 sau 3 farfurii.

7. Se servește fierbinte, ornat cu cimbru suplimentar.

Pui indian cu boia şi fenicul

Timp de preparare: 10 minute | Timp de gătire: 15 minute | Pentru 4 persoane

454 g pulpe de pui dezosate şi fără piele, tăiate transversal în treimi

1 ceapă galbenă, tăiată în felii groase de 1 ½ inch

1 lingura ulei de cocos topit

2 linguriţe de ghimbir proaspăt tocat

2 lingurite de usturoi tocat

1 lingurita boia afumata

1 lingurita fenicul macinat

1 lingurita garam masala

1 lingurita turmeric macinat

1 lingurita sare kosher

½ până la 1 linguriţă de piper cayenne

Spray cu ulei vegetal

2 lingurite suc proaspat de lamaie

¼ cana coriandru sau patrunjel proaspat tocat

1. Folosiţi o furculiţă pentru a perfora puiul peste tot pentru a permite marinada să pătrundă mai bine.

2. Într-un castron mare, combinați ceapa, uleiul de cocos, ghimbirul, usturoiul, boia de ardei, fenicul, garam masala, turmeric, sare și piper cayenne. Adăugați puiul, amestecați pentru a se combina și marinați la temperatura camerei timp de 30 de minute sau acoperiți și lăsați la frigider până la 24 de ore.

3. Setați temperatura cuptorului pentru friteuza cu aer la 350 °F (177 °C). Apăsați Start pentru a începe preîncălzirea.

4. Pune puiul și ceapa în tigaia perforată din cuptorul cu aer friteu. (Aruncați marinata rămasă.) Pulverizati cu putin spray de ulei vegetal. Se prăjește la aer timp de 15 minute. La jumătatea timpului de gătire, scoateți tigaia perforată, stropiți puiul și ceapa cu mai mult spray de ulei vegetal și amestecați ușor pentru a acoperi. La sfârșitul timpului de gătit, utilizați un termometru pentru carne pentru a vă asigura că puiul a atins o temperatură internă de 165ºF (74ºC).

5. Transferați puiul și ceapa pe un platou de servire. Stropiți cu suc de lămâie și coriandru și serviți.

Aripioare de pui cu parmezan

Timp de preparare: 15 minute | Timp de gătire: 16 până la 18 minute | Pentru 4 persoane

1¼ cani de parmezan ras

1 lingura praf de usturoi

1 lingurita sare

½ linguriță piper negru proaspăt măcinat

¾ cană făină universală

1 ou mare, bătut

12 aripioare de pui (aproximativ 1 liră/454 g)

spray de gatit

1. Setați temperatura cuptorului pentru friteuza cu aer la 390 °F (199 °C). Apăsați Start pentru a începe preîncălzirea. Tapetați tava de cuptor perforată pentru friteuza cu hârtie de copt.

2. Într-un castron puțin adânc, bateți parmezanul, praful de usturoi, sarea și piperul până se omogenizează. Puneți făina într-un al doilea castron puțin adânc și oul bătut într-un al treilea castron puțin adânc.

3. Pe rând, înmuiați aripioarele de pui în făină, oul bătut și amestecul de parmezan, acoperind bine.

4. Pune aripioare de pui pe pergament și stropește cu spray de gătit.

5. Se prăjește la aer timp de 8 minute. Întoarceți puiul, stropiți cu spray de gătit și prăjiți la aer încă 8 până la 10 minute până când temperatura internă atinge 165 °F (74 °C) și interiorul nu mai este roz. Lăsați să se odihnească 5 minute înainte de servire.

Cotlet de curcan cu crustă de nucă

Timp de preparare: 10 minute | Timp de gătire: 10 până la 12 minute | Pentru 4 persoane

¾ cană pesmet panko

¼ lingurita sare

¼ lingurita de piper

¼ linguriță de muștar uscat

¼ lingurita condiment pentru pasare

½ cană de nuci

¼ cană amidon de porumb

1 ou bătut

454 g cotlet de curcan, grosime de ½ inch

Sare si piper dupa gust

spray de gatit

1. Setați temperatura cuptorului pentru friteuza cu aer la 360 °F (182 °C). Apăsați Start pentru a începe preîncălzirea.

2. Puneți firimiturile de panko, sare, piper, muștar și condimentele de pasăre într-un robot de bucătărie. Procesați până când firimiturile sunt măcinate fin.

Adaugam nucile si procesam pana cand nucile sunt tocate marunt.

3. Puneti amidonul de porumb intr-un vas putin adanc si oul batut intr-un altul. Transferați amestecul de acoperire de la robotul de bucătărie într-un al treilea vas de mică adâncime.

4. Se presară cotleturile de curcan cu sare şi piper, după gust.

5. Înmuiați cotletele în amidon de porumb şi scuturați excesul, apoi înmuiați în ou bătut şi, la final, rulați în firimituri, apăsând pentru a se acoperi bine. Pulverizați ambele părți cu spray de gătit.

6. Puneți 2 cotlete într-un singur strat într-un singur strat într-o tavă perforată pentru friteuză şi prăjiți la aer timp de 10 până la 12 minute. Repetați cu cotletele rămase.

7. Se serveste fierbinte.

Pulpe de pui Piri-Piri

Timp de preparare: 5 minute | Timp de gătire: 25 minute | Pentru 4 persoane

¼ cană sos piri-piri

1 lingura suc de lamaie proaspat stors

2 linguri de zahar brun, impartite

2 catei de usturoi, tocati

1 lingura ulei de masline extravirgin

4 pulpe de pui cu os, pe piele, fiecare cântărind aproximativ 7 până la 8 uncii (198 până la 227 g)

½ linguriță amidon de porumb

1. Pentru a face marinada, amestecați într-un castron mic sosul piri-piri, sucul de lămâie, 1 lingură de zahăr brun și usturoiul. În timp ce amestecați, turnați încet uleiul într-un jet constant și continuați să bateți până se emulsionează. Cu ajutorul unei frigărui, faceți găuri în pulpele de pui și puneți-le într-un vas mic de sticlă. Se toarna marinada peste pui si se intoarce pulpele pentru a le acoperi cu sosul. Acoperiți vasul și lăsați-l la frigider pentru cel puțin 15 minute și până la 1 oră.

2. Setați temperatura cuptorului pentru friteuza cu aer la 375 °F (191 °C). Apăsați Start pentru a începe

preîncălzirea. Scoateți pulpele de pui din farfurie, rezervând marinada și puneți-le cu pielea în jos în tigaia perforată din cuptorul cu friteuză. Se prăjește la aer până când temperatura internă atinge 165 °F (74 °C), 15 până la 20 de minute.

3. Între timp, amestecați zahărul brun și amidonul de porumb rămas în marinadă și puneți la microunde la putere mare timp de 1 minut, până când clocotește și se îngroașă într-o glazură.

4. Odată ce puiul este fiert, întoarceți pulpele și ungeți cu glazură. Se prăjește încă câteva minute până când glazura devine maro auriu și începe să se carbonizeze pe pete.

5. Scoateți puiul pe un platou și serviți cu sos piri-piri suplimentar, dacă doriți.

Pui în crustă de brânză și cartofi

Timp de preparare: 15 minute | Timp de gătire: 22 până la 25 de minute | Pentru 4 persoane

¼ cană de zară

1 ou mare, bătut

1 cană de chipsuri instant de cartofi

¼ cană parmezan ras

1 lingurita sare

½ linguriță piper negru proaspăt măcinat

2 piept de pui întregi, dezosați și fără piele (aproximativ 454 g fiecare), tăiați în jumătate

spray de gatit

1. Setați temperatura cuptorului pentru friteuza cu aer la
   325 °F (163 °C). Apăsați Start pentru a începe
   preîncălzirea. Tapetați tava de cuptor perforată pentru
   friteuza cu hârtie de copt.

2. Într-un castron puțin adânc, bate zara și oul până se
   omogenizează. Într-un alt bol puțin adânc, amestecați
   fulgii de cartofi, brânza, sarea și piperul.

3. Pe rând, scufundați bucățile de pui în amestecul de zară
   și amestecul de fulgi de cartofi, acoperind bine.

4. Puneți puiul acoperit pe pergament și stropiți cu spray
   de gătit.

5. Coaceți timp de 15 minute. Întoarceți puiul, stropiți cu
   spray de gătit și coaceți încă 7 până la 10 minute până
   când exteriorul devine crocant și interiorul nu mai este
   roz. Serviți imediat.

Curcan Cajun prăjit

Timp de preparare: 10 minute | Timp de gătire: 30 minute | Pentru 4 persoane

2 lire (907 g) pulpe de curcan, fără piele și fără os

1 ceapa rosie feliata

2 ardei grasi, feliati

1 chili habanero, tocat

1 morcov feliat

1 lingură amestec de condimente cajun

1 lingura sos de peste

2 cesti supa de pui

Ulei spray antiaderent

1. Setați temperatura cuptorului pentru friteuza cu aer la 360 °F (182 °C). Apăsați Start pentru a începe preîncălzirea.

2. Pulverizați fundul și părțile laterale ale unui vas de copt cu spray de gătit antiadeziv.

3. Puneți pulpele de curcan în tava de copt. Adăugați ceapa, ardeii și morcovul. Stropiți cu condimente cajun. Adăugați sosul de pește și supa de pui.

4. Se prăjeşte în cuptorul preîncălzit pentru friteuza cu aer timp de 30 de minute până când este gătit. Se serveste fierbinte.

Salată de pui și legume fripte

Timp de preparare: 10 minute | Timp de gătire: 10 până la 13 minute | Pentru 4 persoane

3 (4 uncii/113 g) piept de pui dezosat și fără piele, cu conținut scăzut de sodiu, tăiat în cuburi de 1 inch

1 ceapa rosie mica, taiata felii

1 ardei rosu taiat felii

1 cană de fasole verde, tăiată în bucăți de 1 inch

2 linguri sos de salată ranch cu conținut scăzut de grăsimi

2 linguri suc de lamaie proaspat stors

½ lingurita busuioc uscat

4 cani de salata verde mixta

1. Setați temperatura cuptorului pentru friteuza cu aer la
    400ºF (204ºC). Apăsați Start pentru a începe
    preîncălzirea.

2. În tigaia perforată a cuptorului cu friteuză, prăjiți puiul,
    ceapa roșie, ardeiul roșu și fasolea verde timp de 10
    până la 13 minute sau până când puiul atinge o
    temperatură internă de 165ºF (74ºC) pe un
    termometru pentru carne și turnați alimentele în tava
    perforată o dată în timpul gătirii.

3. În timp ce puiul se gătește, într-un castron de servire,
    amestecați împreună sosul ranch, sucul de lămâie și
    busuiocul.

4. Transferați puiul și legumele într-un castron de servire
    și amestecați cu dressing. Serviți imediat pe frunze de
    salată.

File de pui la cuptor cu legume

Timp de preparare: 10 minute | Timp de gătire: 18 până la 20 de minute | Pentru 4 persoane

1 lire (454 g) de pui

1 lingura miere

Vârf de cuțit de sare

Piper negru proaspăt măcinat, după gust

½ cană pesmet moale, proaspăt

½ linguriță de cimbru uscat

1 lingura ulei de masline

2 morcovi taiati felii

12 cartofi roșii mici

1. Setați temperatura cuptorului pentru friteuza cu aer la 380 °F (193 °C). Apăsați Start pentru a începe preîncălzirea.

2. Într-un castron mediu, aruncați frânturile de pui cu miere, sare și piper.

3. Într-un castron puțin adânc, combinați pesmetul, cimbrul și uleiul de măsline și amestecați.

4. Acoperiți fragedele cu pesmet, apăsând ferm pe carne.

5. Puneți morcovii și cartofii în tava perforată din cuptorul pentru friteuța cu aer și acoperiți cu gingii de pui.

6. Se prăjește 18 până la 20 de minute sau până când puiul este gătit la 165 °F (74 °C) și legumele sunt fragede, scuturând tigaia perforată la jumătatea timpului de gătire.

7. Se serveste fierbinte.

Pui prăjit cu usturoi

Timp de preparare: 5 minute | Timp de gătire: 25 minute | Pentru 4 persoane

4 (5 uncii/142 g) piept de pui dezosat, fără piele, cu conținut scăzut de sodiu

1 lingura ulei de masline

1 lingura suc de lamaie proaspat stors

3 linguri amidon de porumb

1 lingurita frunze de busuioc uscat

⅛ linguriță de piper negru proaspăt măcinat

20 căței de usturoi necurățați

1. Setați temperatura cuptorului pentru friteuza cu aer la 370 °F (188 °C). Apăsați Start pentru a începe preîncălzirea.

2. Frecați puiul cu ulei de măsline și suc de lămâie pe ambele părți și stropiți cu amidon de porumb, busuioc și piper.

3. Pune puiul condimentat în tigaia perforată în cuptorul cu aer friteu și deasupra cu căței de usturoi. Se prăjește aproximativ 25 de minute sau până când usturoiul este

moale şi puiul atinge o temperatură internă de 165ºF

(74ºC) pe un termometru pentru carne. Serviţi imediat.

Shawarma simplă de pui

Timp de preparare: 10 minute | Timp de gătire: 15 minute | Pentru 4 persoane

Condimente Shawarma:

2 lingurite de oregano uscat

1 lingurita de scortisoara pudra

1 lingurita chimen macinat

1 lingurita coriandru macinat

1 lingurita sare kosher

½ linguriţă de ienibahar măcinat

½ lingurita piper cayenne

Pui:

454 g pulpe de pui dezosate şi fără piele, tăiate în bucăţi mari de mărimea unei muşcături

2 linguri ulei vegetal

La dispozitia ta:

tzatziki

Lipie

1. Pentru condimentul shawarma: într-un castron mic, combinați oregano, ardei cayenne, chimen, coriandru, sare, scorțișoară și ienibahar.

2. Pentru pui: într-un castron mare, aruncați puiul, uleiul vegetal și condimentul shawarma pentru a acoperi. Marinați la temperatura camerei timp de 30 de minute sau acoperiți și dați la frigider până la 24 de ore.

3. Setați temperatura cuptorului pentru friteuza cu aer la 350 °F (177 °C). Apăsați Start pentru a începe preîncălzirea. Pune puiul în tava perforată din cuptorul cu aer friteu. Se prăjește la aer timp de 15 minute sau până când puiul atinge o temperatură internă de 165 °F (74 °C).

4. Transferați puiul pe un platou de servire. Serviți cu tzatziki și pâine pita.

Muschiu de curcan cu condimente

Timp de preparare: 20 minute | Timp de gătire: 30 minute | Pentru 4 persoane

½ lingurita boia

½ linguriță de usturoi pudră

½ lingurita sare

½ linguriță piper negru proaspăt măcinat

Un praf de piper cayenne

1½ lire (680 g) piept de curcan

spray cu ulei de măsline

1. Setați temperatura cuptorului pentru friteuza cu aer la 370 °F (188 °C). Apăsați Start pentru a începe preîncălzirea. Pulverizați ușor tava perforată a cuptorului pentru friteuză cu spray de gătit.

2. Într-un castron mic, combinați boia de ardei, pudra de usturoi, sarea, piper negru și piper cayenne. Frecați amestecul peste tot curcanul.

3. Așezați curcanul în tigaia perforată a cuptorului pentru friteuză și stropiți ușor cu spray de ulei de măsline.

4. Se prăjește la aer timp de 15 minute. Întoarceți curcanul și stropiți ușor cu spray de ulei de măsline. Se prăjește la aer până când temperatura internă atinge cel puțin 170 °F (77 °C) pentru încă 10 până la 15 minute.

5. Lăsați curcanul să se odihnească timp de 10 minute înainte de a tăia și a servi.

Chiftele de curcan dulci și picante

Timp de preparare: 15 minute | Timp de gătire: 15 minute | Pentru 6

1 liră (454 g) curcan măcinat slab

½ cană de pesmet panko din grâu integral

1 ou bătut

1 lingura sos de soia

¼ cană plus 1 lingură sos hoisin, împărțit

2 lingurite de usturoi tocat

⅛ linguriță sare

⅛ linguriță de piper negru proaspăt măcinat

1 lingurita sriracha

spray de gatit

1. Setați temperatura cuptorului pentru friteuza cu aer la
    350 °F (177 °C). Apăsați Start pentru a începe
    preîncălzirea. Pulverizați ușor tava perforată a
    cuptorului pentru friteuză cu spray de gătit.

2. Într-un castron mare, amestecați curcanul, pesmetul
    panko, oul, sosul de soia, 1 lingură sos hoisin, usturoiul,
    sare și piper negru.

3. Folosind o lingură, formați amestecul în 24 de chiftele.

4. Într-un castron mic, combinați ¼ de cană de sos hoisin
    și sriracha pentru a face o glazură și lăsați deoparte.

5. Asezati chiftelele in tava perforata a cuptorului pentru
    friteuza cu aer intr-un singur strat. Poate fi necesar să
    le gătiți în loturi.

6. Se prăjește la aer timp de 8 minute. Ungeți chiftelele
    generos cu glazură și prăjiți la aer până sunt fierte, încă
    4 până la 7 minute. Se serveste fierbinte.

Tobe dulci-acrișoare

Timp de preparare: 5 minute | Timp de gătire: 23 până la 25 de minute | Pentru 4 persoane

6 pulpe de pui

3 linguri suc de lamaie, impartite

3 linguri de sos de soia cu conținut scăzut de sodiu, împărțite

1 lingura ulei de arahide

3 linguri de miere

3 linguri de zahar brun

2 linguri sos de rosii

¼ cană suc de ananas

1. Setați temperatura cuptorului pentru friteuza cu aer la 350 °F (177 °C). Apăsați Start pentru a începe preîncălzirea.

2. Stropiți tobe cu 1 lingură suc de lămâie și 1 lingură sos de soia. Se pune in tigaia perforata a cuptorului si se stropeste cu ulei de arahide. Aruncă pentru a acoperi. Coaceți timp de 18 minute sau până când puiul este aproape gătit.

3. Între timp, într-un bol metalic combinați cele 2 linguri rămase de suc de lămâie, restul de 2 linguri de sos de soia, miere, zahăr brun, ketchup și suc de ananas.

4. Adăugați puiul fiert în bol și amestecați pentru a acoperi bine puiul cu sosul.

5. Pune vasul metalic în cuptorul pentru friteuză. Coaceți 5 până la 7 minute sau până când puiul este glazurat și înregistrează 165ºF (74ºC) pe un termometru pentru carne.

6. Se serveste fierbinte.

Pui brazilian Tempero Baiano

Timp de preparare: 5 minute | Timp de gătire: 20 minute | Pentru 4 persoane

1 lingurita de seminte de chimen

1 lingurita oregano uscat

1 lingurita patrunjel uscat

1 lingurita turmeric macinat

½ linguriță de semințe de coriandru

1 lingurita sare kosher

½ linguriță boabe de piper negru

½ lingurita piper cayenne

¼ cană suc proaspăt de lămâie

2 linguri ulei de masline

1½ lire (680 g) pulpe de pui

1. Într-o râșniță de cafea curată sau într-o râșniță de condimente, combinați chimenul, oregano, pătrunjelul, turmericul, semințele de coriandru, sarea, boabele de piper și cayena. Se procesează până se măcina fin.

2. Într-un castron mic, combinați condimentele măcinate cu sucul de lămâie și uleiul. Puneți puiul într-o pungă de plastic resigilabilă. Adăugați marinada, sigilați și

masați până când puiul este bine acoperit. Marinați la temperatura camerei timp de 30 de minute sau la frigider până la 24 de ore.

3. Setați temperatura cuptorului pentru friteuza cu aer la 400ºF (204ºC). Apăsați Start pentru a începe preîncălzirea.

4. Puneți tobele cu pielea în sus în tava perforată a cuptorului pentru friteuză cu aer și prăjiți-le timp de 20 până la 25 de minute, rotind butoaiele la jumătatea timpului de gătire. Utilizați un termometru pentru carne pentru a vă asigura că puiul a atins o temperatură internă de 165 °F (74 °C). Serviți imediat.

Piept de pui Tex-Mex

Timp de preparare: 10 minute | Timp de gătire: 17 până la 20 de minute | Pentru 4 persoane

1 livre (454 g) piept de pui dezosat, fără piele, cu conținut scăzut de sodiu, tăiat în cuburi de 1 inch

1 ceapa medie tocata

1 ardei rosu tocat

1 ardei jalapeno, tocat

2 lingurite ulei de masline

$2/3$ cană de fasole neagră conservată cu conținut scăzut de sodiu, clătită și scursă

½ cană sos cu conținut scăzut de sodiu

2 lingurite pudra de chili

1. Setați temperatura cuptorului pentru friteuza cu aer la 400ºF (204ºC). Apăsați Start pentru a începe preîncălzirea.

2. Într-un castron mediu de metal, amestecați puiul, ceapa, ardeiul gras, jalapeño și uleiul de măsline. Se prăjește timp de 10 minute, amestecând o dată în timpul gătirii.

3. Adăugaţi fasole neagră, salsa şi praf de chili. Prăjiţi încă
    7 până la 10 minute, amestecând o dată, până când
    puiul atinge o temperatură internă de 165 °F (74 °C) pe
    un termometru pentru carne. Serviţi imediat.

burgeri de curcan tex-mex

Timp de preparare: 10 minute | Timp de gătire: 14 până la 16 minute | Pentru 4 persoane

$^1/_3$ cană chipsuri de porumb zdrobite fin

1 ou bătut

¼ cană sos

$^1/_3$ cană de brânză Jack cu piper mărunțit

Vârf de cuțit de sare

Piper negru proaspăt măcinat, după gust

454 g de curcan măcinat

1 lingura ulei de masline

1 lingurita boia

1. Setați temperatura cuptorului pentru friteuza cu aer la 330 °F (166 °C). Apăsați Start pentru a începe preîncălzirea.

2. Într-un castron mediu, combinați chipsurile tortilla, oul, salsa, brânza, sare și piper și amestecați bine.

3. Adăugați curcanul și amestecați ușor, dar bine, cu mâinile curate.

4. Formați amestecul de carne în chifteluțe de aproximativ ½ inch grosime. Faceți o adâncitură în centrul fiecărui burger cu degetul mare, astfel încât burgerii să nu se umfle în timp ce se gătesc.

5. Ungeți burgerii pe ambele părți cu ulei de măsline și stropiți cu boia de ardei.

6. Puneți în tava perforată a cuptorului pentru friteuză și prăjiți la aer timp de 14 până la 16 minute sau până când carnea înregistrează cel puțin 165ºF (74ºC).

7. Lăsați să se odihnească 5 minute înainte de servire.

Găini Thai Cornish

Timp de preparare: 15 minute | Timp de gătire: 20 minute | Pentru 4 persoane

1 cană frunze şi tulpini de coriandru proaspăt, tocate

¼ cană sos de peşte

1 lingura sos de soia

1 chili serrano, fără seminţe şi tocat

8 catei de usturoi, macinati

2 linguri de zahar

2 linguri pasta de lamaie

2 lingurite piper negru

2 lingurite coriandru macinat

1 lingurita sare kosher

1 lingurita turmeric macinat

2 găini din Cornish, găini îndepărtate, înjumătăţiţi pe lungime

1. Într-un blender, combină coriandru, sos de peşte, sos de soia, serrano, usturoi, zahăr, lemongrass, piper negru, coriandru, sare şi turmeric. Se amestecă până la omogenizare.

2. Puneţi jumătăţile de găină de vânat într-un castron mare. Se toarnă amestecul de coriandru peste jumătăţile de pui şi se amestecă. Marinaţi la temperatura camerei timp de 30 de minute sau acoperiţi şi daţi la frigider până la 24 de ore.

3. Setaţi temperatura cuptorului pentru friteuza cu aer la 400ºF (204ºC). Apăsaţi Start pentru a începe preîncălzirea.

4. Puneţi jumătăţile de pui într-un singur strat în tava perforată a cuptorului pentru friteuză cu aer. Se prăjeşte timp de 20 de minute. Utilizaţi un termometru pentru carne pentru a vă asigura că găinile de vânat au atins o temperatură internă de 165ºF (74ºC). Se serveste fierbinte.

Galuste cu curry thailandez

Timp de preparare: 10 minute | Timp de gătire: 10 minute | Pentru 4 persoane

454 g pui măcinat

¼ cană coriandru proaspăt tocat

1 lingurita de menta proaspata tocata

1 lingura suc proaspat de lamaie

1 lingură pastă de curry roşu, verde sau galben thailandez

1 lingura sos de peste

2 catei de usturoi, tocati

2 lingurițe de ghimbir proaspăt tocat

½ lingurita sare kosher

½ lingurita piper negru

¼ de linguriță fulgi de ardei roşu

1. Setați temperatura cuptorului pentru friteuza cu aer la
    400ºF (204ºC). Apăsați Start pentru a începe
    preîncălzirea.

2. Într-un castron mare, amestecați ușor puiul măcinat,
    coriandru, menta, sucul de lămâie, pasta de curry, sosul
    de pește, usturoiul, ghimbirul, sarea, piperul negru și
    fulgii de ardei roșu, până se combină bine.

3. Formați 16 chiftele cu amestecul. Asezati chiftelele intr-
    un singur strat in tava perforata a cuptorului pentru
    friteuza cu aer. Se prăjesc la aer timp de 10 minute,
    întorcând chiftelele la jumătatea timpului de gătire.
    Utilizați un termometru pentru carne pentru a vă
    asigura că chiftelele au atins o temperatură internă de
    165 °F (74 °C). Serviți imediat.

Quesadilla de curcan și afine

Timp de preparare: 7 minute | Timp de gătire: 4 până la 8 minute | Pentru 4 persoane

6 tortilla de grâu integral cu conținut scăzut de sodiu

$^1/_3$ cană brânză elvețiană cu conținut scăzut de sodiu, cu conținut scăzut de grăsimi, rasă

¾ cană piept de curcan gătit, mărunțit, cu conținut scăzut de sodiu

2 linguri sos de afine

2 linguri de afine uscate

½ lingurita busuioc uscat

Spray cu ulei de măsline, pentru a picura tortilla

1. Setați temperatura cuptorului pentru friteuza cu aer la 400ºF (204ºC). Apăsați Start pentru a începe preîncălzirea.

2. Puneți 3 tortilla pe o suprafață de lucru.

3. Împărțiți uniform brânza elvețiană, curcanul, sosul de afine și merisoarele uscate între tortilla. Presărați busuioc și acoperiți cu tortilla rămase.

4. Pulverizați exteriorul tortillelor cu spray de ulei de măsline.

5. Pe rând, prăjiți quesadilla în cuptorul pentru friteuză timp de 4 până la 8 minute sau până când devine crocantă și brânza se topește. Tăiați în sferturi și serviți.

Turcia Hoisin Burgers

Timp de preparare: 10 minute | Timp de gătire: 20 minute | Pentru 4 persoane

1 liră (454 g) curcan măcinat slab

¼ cană pesmet de grâu integral

¼ cană sos hoisin

2 linguri sos de soia

4 chifle din grau integral

spray cu ulei de măsline

1. Într-un castron mare, amestecați curcanul, pesmetul, sosul hoisin și sosul de soia.

2. Formați amestecul în 4 chifle egale. Acoperiți cu folie de plastic și puneți burgerii la frigider pentru 30 de minute.

3. Setați temperatura cuptorului pentru friteuza cu aer la 370 °F (188 °C). Apăsați Start pentru a începe preîncălzirea. Pulverizați ușor tava perforată a cuptorului pentru friteuză cu spray de gătit.

4. Pune burgerii într-un singur strat în tava perforată pentru friteuză. Pulverizaţi uşor burgerii cu ulei de măsline.

5. Se prăjeşte la aer timp de 10 minute. Întoarceţi burgerii, stropiţi uşor cu spray de ulei de măsline şi prăjiţi la aer încă 5 până la 10 minute, până când devin maro auriu.

6. Pune burgeri pe chifle şi deasupra cu topping-uri pentru burgeri cu conţinut scăzut de calorii, cum ar fi roşii feliate, ceapă şi salată. Serviţi imediat.

Ardei umpluți cu curcan

Timp de preparare: 20 minute | Timp de gătire: 15 minute | Pentru 4 persoane

½ liră (227 g) curcan măcinat slab

4 ardei gras medii

1 conserve (15 uncii/425 g) fasole neagră, scursă și clătită

1 cană de brânză cheddar mărunțită cu conținut scăzut de grăsimi

1 cană de orez brun cu bob lung gătit

1 cană sos blând

1¼ linguriță de pudră de chili

1 lingurita sare

½ linguriță de chimen măcinat

½ linguriță piper negru proaspăt măcinat

spray cu ulei de măsline

Coriandru proaspăt tocat, pentru a decora

1. Setați temperatura cuptorului pentru friteuza cu aer la 360 °F (182 °C). Apăsați Start pentru a începe preîncălzirea.

2. Într-o tigaie mare, la foc mediu-înalt, gătiți curcanul, rupându-l cu o lingură, până se rumenește, aproximativ 5 minute. Scurgeți orice exces de grăsime.

3. Tăiați aproximativ ½ inch de vârful ardeilor și apoi
   tăiați-i în jumătate pe lungime. Scoateți și aruncați
   semințele și rezervați ardeii.

4. Într-un castron mare, combinați curcanul rumenit,
   fasolea neagră, brânza cheddar, orezul, salsa, pudra de
   chili, sare, chimen și piper negru. Se toarnă amestecul
   în ardei gras.

5. Pulverizați ușor tigaia perforată a cuptorului pentru
   friteuză cu spray de ulei de măsline.

6. Puneți ardeii umpluți în tava perforată din cuptorul
   pentru friteuză. Se prăjește la aer până se încălzește, 10
   până la 15 minute. Se ornează cu coriandru și se
   servește.

Wrapuri cu curcan, hummus și brânză

Timp de preparare: 10 minute | Timp de gătire: 3 până la 4 minute | Pentru 4 persoane

4 împachetări mari din grâu integral

½ cană de hummus

16 felii subțiri de curcan delicat

8 felii de brânză provolone

1 cană de spanac proaspăt sau mai mult după gust

1. Setați temperatura cuptorului pentru friteuza cu aer la 360 °F (182 °C). Apăsați Start pentru a începe preîncălzirea.

2. Pentru asamblare, puneți 2 linguri de hummus pe fiecare înveliș și întindeți-le la aproximativ jumătate de inch de la margini. Acoperiți cu 4 felii de curcan și 2 felii de provolone. Terminați cu ¼ de cană de spanac pentru copii sau adăugați-le câte doriți.

3. Rulați fiecare ambalaj. Puneți 2 învelișuri într-o tavă perforată pentru friteuză cu aer, cu cusătura în jos.

4. Se prăjește la aer timp de 3 până la 4 minute pentru a încălzi umplutura și a topi brânza. Repetați pasul 4 pentru a prăji în aer ambalajele rămase. Serviți imediat.

Frigarui de pui turcesti

Timp de preparare: 15 minute | Timp de gătire: 15 minute | Pentru 4 persoane

¼ cană iaurt grecesc simplu

1 lingura de usturoi tocat

1 lingura pasta de rosii

1 lingura suc proaspat de lamaie

1 lingura ulei vegetal

1 lingurita sare kosher

1 lingurita chimen macinat

1 lingurita boia dulce maghiara

½ lingurita de scortisoara macinata

½ lingurita piper negru

½ lingurita piper cayenne

1 livre (454 g) pulpe de pui dezosate şi fără piele, tăiate în sferturi în cruce

1. Într-un castron mare, combinați iaurtul, usturoiul, pasta de roşii, sucul de lămâie, uleiul vegetal, sare, chimen, boia de ardei, scorţişoară, piper negru şi piper cayenne. Se amestecă până când condimentele se amestecă cu iaurtul.

2. Adăugați puiul în bol și amestecați până se îmbracă bine. Marinați la temperatura camerei timp de 30 de minute sau acoperiți și dați la frigider până la 24 de ore.

3. Setați temperatura cuptorului pentru friteuza cu aer la 375 °F (191 °C). Apăsați Start pentru a începe preîncălzirea.

4. Puneti puiul intr-un singur strat in tava perforata din cuptorul cu aer friteuit. Se prăjește la aer timp de 10 minute. Întoarceți puiul și prăjiți la aer încă 5 minute. Utilizați un termometru pentru carne pentru a vă asigura că puiul a atins o temperatură internă de 165 °F (74 °C).

5. Se serveste fierbinte.

Pulpe de pui cu curry galben cu alune

Timp de preparare: 10 minute | Timp de gătire: 20 minute | Pentru 6

½ cană lapte de cocos întreg neîndulcit

2 linguri pasta de curry galben

1 lingura de ghimbir proaspat tocat

1 lingura de usturoi tocat

1 lingurita sare kosher

454 g pulpe de pui dezosate și fără piele, tăiate la jumătate în cruce

2 linguri alune tocate

1. Într-un castron mare, amestecați laptele de cocos, pasta de curry, ghimbirul, usturoiul și sarea până se omogenizează bine. Adăugați pui; se amestecă bine pentru a acoperi. Marinați la temperatura camerei timp de 30 de minute sau acoperiți și dați la frigider până la 24 de ore.

2. Setați temperatura cuptorului pentru friteuza cu aer la 375 °F (191 °C). Apăsați Start pentru a începe preîncălzirea.

3. Pune puiul (împreună cu marinada) pe o tavă de copt. Puneți tava în cuptorul cu aer friteu. Coaceți timp de 20 de minute, întorcând puiul la jumătatea timpului de gătire. Utilizați un termometru pentru carne pentru a vă asigura că puiul a atins o temperatură internă de 165 °F (74 °C).

4. Se presara puiul cu alunele tocate si se serveste.

Rulouri de primăvară prăjite cu aer

Timp de preparare: 10 minute | Timp de gătire: 17 până la 22 de minute | Pentru 4 persoane

2 lingurite de usturoi tocat

2 căni de varză tăiată mărunt

1 cană morcovi tăiați în bețe de chibrit

2 (4 uncii/113 g) conserve de creveți mici, scurși

4 lingurite sos de soia

Sare si piper negru proaspat macinat, dupa gust.

16 ambalaje pătrate pentru rulouri de primăvară

spray de gatit

1. Setați temperatura cuptorului pentru friteuza cu aer la 370 °F (188 °C). Apăsați Start pentru a începe preîncălzirea.

2. Pulverizați ușor tava perforată a cuptorului pentru friteuză cu spray de gătit. Pulverizați o tigaie medie cu spray de gătit.

3. Adăugați usturoiul în tigaie și gătiți la foc mediu până când este parfumat, 30 până la 45 de secunde. Adăugați varza și morcovii și căliți până când legumele sunt puțin fragede, aproximativ 5 minute.

4. Adăugaţi creveţii şi sosul de soia şi condimentaţi cu sare şi piper, apoi amestecaţi pentru a se combina. Se caleste pana se evapora umezeala, inca 2 minute. Lasa sa se raceasca.

5. Aşezaţi un înveliş pentru rulada de primăvară pe o suprafaţă de lucru pentru a semăna cu un diamant. Pune 1 lingură de amestec de creveţi pe capătul de jos al învelişului.

6. Rulaţi ambalajul pe jumătate, apoi pliaţi părţile din dreapta şi din stânga, ca un plic. Continuaţi să rulaţi până la capăt, folosind puţină apă pentru a sigila marginea. Repetaţi cu restul de ambalaje şi umplutură.

7. Aşezaţi rulourile de primăvară în tigaia perforată pentru friteuza cu aer într-un singur strat, lăsând spaţiu între fiecare rolă. Pulverizaţi uşor cu spray de gătit. Poate fi necesar să le gătiţi în loturi.

8. Se prăjeşte la aer timp de 5 minute. Întoarceţi chiflele, pulverizaţi uşor cu spray de gătit şi prăjiţi la aer până când sunt încălzite şi chiflele încep să se rumenească, încă 5 până la 10 minute.

9. Se lasa sa se raceasca 5 minute inainte de servire.

Scoici învelite în slănină

Timp de preparare: 10 minute | Timp de gătire: 12 minute | Pentru 4 persoane

12 felii de bacon

24 scoici mari, tendoanele îndepărtate

1 lingurita plus 2 linguri ulei de masline extravirgin, impartit

Sare si piper dupa gust

6 frigarui de lemn (6 inchi)

1 lingura otet de cidru

1 lingurita mustar de Dijon

5 uncii (142 g) spanac pentru copii

1 bulb de fenicul, tulpinile aruncate, bulbul tăiat la jumătate, fără miez şi feliat subţire

5 uncii (142 g) zmeură

1. Setaţi temperatura cuptorului pentru friteuza cu aer la 350 °F (177 °C). Apăsaţi Start pentru a începe preîncălzirea.

2. Tapetaţi o farfurie mare cu 4 straturi de prosoape de hârtie şi puneţi 6 felii de slănină pe prosoape într-un singur strat. Acoperiţi cu încă 4 straturi de prosoape de hârtie şi cu restul de 6 felii de slănină. Acoperiţi cu 2 straturi de prosoape de hârtie, puneţi deasupra o a doua farfurie mare şi apăsaţi uşor pentru a se aplatiza. Puneţi

la microunde până când grăsimea începe să curgă, dar baconul este încă flexibil, aproximativ 5 minute.

3. Se usucă scoicile cu prosoape de hârtie şi se amestecă cu 1 linguriţă de ulei, ⅛ linguriţă de sare şi ⅛ linguriţă de piper într-un castron până când se îmbină uniform. Puneţi 2 scoici una lângă alta, cu partea plată în jos, pe tabla de tăiat. Începând de la capătul îngust, înfăşuraţi strâns 1 felie de slănină pe părţile laterale ale pachetului de scoici. (Slănină ar trebui să se suprapună uşor; tăiaţi excesul după cum este necesar.) Treceţi pachetul de scoici pe frigărui prin slănină. Repetaţi cu scoici rămase şi slănină, înfilând 2 buchete pe fiecare frigărui.

4. Puneţi 3 frigărui pe o tavă perforată pentru cuptor cu friteuză, paralele între ele şi distanţate uniform. Puneţi deasupra restul de 3 frigărui, perpendicular pe stratul de jos. Coaceţi până când baconul este crocant şi scoicile sunt tari şi opace în centru, 12 până la 16 minute, răsturnând şi rotind frigăruile la jumătatea gătitului.

5. Între timp, amestecaţi restul de 2 linguri de ulei, oţet, muştar, ⅛ linguriţă de sare şi ⅛ linguriţă de piper într-un castron mare de servire până se combină. Adăugaţi

spanacul, feniculul şi zmeura şi amestecaţi uşor pentru a se acoperi. Servesc frigaruile cu salata.

Tacos Baja Fish

Timp de preparare: 15 minute | Timp de gătire: 10 minute | Pentru 4 persoane

Peşte prăjit

1 kilogram (454 g) file de tilapia (sau alt peşte alb uşor)

½ cană făină universală

1 lingurita praf de usturoi

1 lingurita sare kosher

¼ lingurita de piper cayenne

½ cană maioneză

3 linguri de lapte

1¾ cani de pesmet panko

Ulei vegetal pentru pulverizare

Tacos

8 tortilla de porumb

¼ cap de varză roşie sau verde, mărunţită

1 avocado copt, tăiat în jumătate şi fiecare jumătate tăiată în 4 felii

12 uncii (340 g) pico de gallo sau altă salsa proaspătă

O lingură de smântână mexicană

1 lime, tăiată felii

1. Pentru a face peşte, tăiaţi fileurile de peşte în fâşii de 3 până la 4 inci lungime şi 1 inch lăţime. Combinaţi făina, pudra de usturoi, sarea şi piperul cayenne pe o farfurie şi amestecaţi pentru a se combina. Într-un castron puţin

adânc, amestecați maioneza și laptele. Puneți panko pe o farfurie separată. Trageți fâșiile de pește în făina asezonată, scuturând orice exces. Înmuiați fâșiile în amestecul de maioneză, acoperindu-le complet, apoi dragați în panko, scuturând orice exces. Puneți fâșiile de pește pe o farfurie sau un gratar.

2. Setați temperatura cuptorului pentru friteuza cu aer la 400ºF (204ºC). Apăsați Start pentru a începe preîncălzirea. Lucrând în reprize, stropiți jumătate din fâșii de pește cu ulei și puneți-le în tava perforată a cuptorului pentru friteuța cu aer, având grijă să nu le înghesuiți. Se prăjește la aer timp de 4 minute, apoi se întoarce și se prăjește la aer încă 3 până la 4 minute, până când exteriorul este maro auriu și crocant, iar interiorul este opac și se fulge ușor cu o furculiță. Repetați cu benzile rămase.

3. Încinge tortilla în cuptorul cu microunde sau pe aragaz. Pentru a asambla tacos, puneți 2 fâșii de pește în fiecare tortilla. Acoperiți cu varză mărunțită, o felie de avocado, pico de gallo și o praf de smântână. Serviți cu o felie de lămâie în lateral.

Bețișoare de pește mai bune decât în cutie

Timp de preparare: 10 minute | Timp de gătire: 10 până la 12 minute | Pentru 4 persoane

Sare si piper dupa gust

680 g fileuri de eglefin fără piele, grosime de ¾ inch, tăiate în fâşii de 4 inci

2 cani de pesmet panko

1 lingura ulei vegetal

¼ cană făină universală

¼ cană maioneză

2 ouă mari

1 lingură condiment Old Bay

Spray cu ulei vegetal

1. Se dizolvă ¼ de cană de sare în 2 litri de apă rece într-un castron mare. Adăugaţi eglefinul, acoperiţi şi lăsaţi să se odihnească timp de 15 minute.

2. Se amestecă panko cu ulei într-un castron până când este acoperit uniform. Pune la microunde, amestecând frecvent, până se rumeneşte uşor, 2 până la 4 minute; transferaţi într-un vas puţin adânc. Bateţi făina, maioneza, ouăle, muştarul, Old Bay, ⅛ linguriţă de sare şi ⅛ linguriţă de piper într-o a doua farfurie mică.

3. Aşezaţi un suport pe o tavă de copt cu ramă şi pulverizaţi cu spray de ulei vegetal. Scoateţi eglefinul din saramură

şi uscaţi-l cu prosoape de hârtie. Lucrând câte o bucată, dragaţi eglefinul în amestecul de ouă, lăsând să se picure excesul, apoi acoperiţi cu amestecul de panko, apăsând uşor pentru a adera. Transferaţi degetele de peşte pe grătarul pregătit şi congelaţi până se întăresc, aproximativ 1 oră.

4. Setaţi temperatura cuptorului pentru friteuza cu aer la 400ºF (204ºC). Apăsaţi Start pentru a începe preîncălzirea. Pulverizaţi uşor tigaia perforată a cuptorului pentru friteuză cu spray de ulei vegetal. Pune până la 5 beţişoare de peşte în tava perforată pregătită, distanţate uniform. Prăjiţi la aer până când beţişoarele de peşte devin maro auriu şi înregistrează 140ºF (60ºC), 10 până la 12 minute, răsturnând şi rotind beţişoarele de peşte la jumătatea gătitului.

5. Se serveste fierbinte.

www.ingramcontent.com/pod-product-compliance
Lightning Source LLC
Chambersburg PA
CBHW051054050726
47592CB00002B/518